도전!
문해력
완전
정복

도전! 문해력

학습 격차를 **만회** 탈신의 한수

완전 정복

어휘,
맞춤법,
독해,
말 센스까지
한 권으로!

아이돌 작사가
×
입시 논술 강사의
단짠단짠
워크북

안영주×임영수
지음

북트리거

'문해력'이라는 뜬구름을 내 손안에

글이 조금만 길어져도 도통 무슨 소리인지 모르겠을 때가 있나요? 한 문장 읽고 다음 문장을 읽는데 바로 앞 문장이 생각나지 않을 때는요? 계속 읽다 보면 글씨가 어지럽게 빙빙 도는 느낌이 들진 않고요? 요즘 들어 이런 증상을 호소하는 청소년들이 많은데요. 이유가 뭘까요?

공부할 때마다 모르는 단어나 문장 때문에 답답해 소화불량에 걸린 것 같고, 문해력이 약해 수업을 따라가기가 어렵고, 바닥을 치는 국어 시험 점수 때문에 어찌할 줄 모르는 여러분에게 한 줄기 빛이 되어 줄 문해력 해결책을 준비했어요.

문해력이 좋으면 글을 분석하기가 쉽고 학교 수업도 원활히 들을 수 있어서, 다른 사람보다 효과적으로 공부하면서 좋은 성적까지 받을 수 있으니 이보다 더 좋을 순 없겠죠.

하지만 '문해력'이라는 말만 들어도 일단 머리가 아프다고요? 문해력이 마치 잡힐 듯 잡히지 않는 뜬구름처럼 여겨져서 그럴 거예요. 하지만 알고 보면 그렇지 않답니다.

문해력은 쉽게 말해 단어와 문장을 해석하는 능력이에요. 지금 이 순간에도 이미 여러분은 수많은 단어와 문장의 세계 속에 살고 있고, 늘 문해력 곁에 있어요. 단지 우리가 평소 관심을 기울이지 않아서 멀게만 느끼고, 얼마든지 쉽고 재밌게 공부할 수 있는데 잘 몰라서 못할 뿐이에요. 문해력을 높이고 싶지만 방법을 몰라서 시작조차 못 하고 있다는 친구들을 위해 이 책에서는 친절하고 재밌게 문해력의 지름길을 알려 줄 거예요. 문해의 기초인 단어와 문장 해석을 거쳐 다양한 글들을 이해하고 분석하면서, 문해력 공부의 시작부터 끝까지 긴 여정을 함께해 보자고요.

어떤 일이든 시작은 늘 설레면서도 두렵고 무한한 용기를 필요로 하지만, 일단 시작하고 나면 할 수 있다는 생각이 들면서 어려운 길도 헤쳐 나갈 수 있어요.

이 책은 총 5부로 구성되어 있어요. 먼저 1부에서는 고유어, 한자어, 관용구, 동음이의어, 다의어 등 다양한 어휘의 세계로 여행을 떠날 거예요.

2부에서는 '똑바르군'과 함께 우리가 일상에서 잘못 쓰고 있는 언어 습관을 함께 바로잡으면서 슬기로운 언어생활에 성큼 다가갈 거예요.

3부는 드디어 문해력 공부의 본격적인 시작! 교과서, 소설, 시 등 다양한 글들을 읽고 고유의 맛을 즐기는 방법을 배울 거예요.

4부에서는 일상생활에서 자연스럽게 말 센스를 기를 수 있는 쉽고 재밌는 방법들을 보물찾기처럼 쏙쏙 찾아볼 거예요.

늦었다고 생각할 때가 가장 빠르다는 거 아시죠? 이 책의 첫 페이지를 펼쳤다면 여러분은 이미 가장 빨리 시작한 겁니다. 그리고 책의 내용에 푹 빠져 시간 가는 줄 모르고 따라가다 보면, 어느새 여러분도 문해력 고수가 되어 있을 거예요.

잡힐 듯 잡히지 않던 문해력! 그래서 더욱 갖고 싶은 문해력 속으로 지금부터 다 같이 흥미진진한 모험을 떠나 볼까요?

목차

1부

어휘 : 나의 말을 찾아가는 여행

1부에서는 다양한 어휘의 세계로 여행을 떠날 겁니다. 여행지는 총 다섯 곳이에요.

첫 번째 여행지는 알쏭달쏭 동음이의어와 다의어입니다. 똑같이 생겨서 우리를 헷갈리게 하는 이 말들을 어떻게 구별할 수 있을까요? 첫 번째 여행부터 흥미진진할 예정이니 기대해 주세요.

두 번째 여행지는 관용구입니다. 오랫동안 우리와 함께해 왔기에 익숙하게 쓰이는 관용구, 그런데 정작 얼마나 정확히 알고 있을까요? 그리고 관용구를 쓰면 어떤 효과가 있을까요? 관용구의 모든 것을 파헤쳐 볼 거예요.

세 번째 여행지는 고유어와 한자어입니다. 예로부터 우리 민족이 만들어 써 온 고유어와, 이제는 우리말과 크게 구분되지 않고 쓰이는 한자어를 만나 볼 예정이에요.

네 번째 여행지는 외래어입니다. 세계화로 인해 외래어가 물밀 듯이 밀려올 수밖에 없는 현실에서, 우리는 이것들을 어디까지 받아들여야 할까요? 우리 언어생활의 미래를 고민하는 시간을 가져 볼게요.

네 번째 여행지는 차별어입니다. 우리가 무심코 쓰는 단어에 뿌리 깊은 차별의 의미가 담겨 있다면 믿겠어요? 자신도 모르는 사이에 차별어를 쓰고 있는 것은 아닌지, 혹은 차별어인 줄 모르고 썼다면 상관없는 것인지, 차별어를 왜 쓰면 안 되는지 등등을 알아보려고 해요.

듣기만 해도 벌써 풍성하고 다양해서 기대가 되죠? 두근두근 설레는 어휘 여행, 지금부터 출발합니다!

1장

내 말들은
지금 어디쯤?

- 어휘력 레벨 테스트 -

분명 한글을 잘 읽을 수는 있는데 왜 독해 지문 앞에만 서면 몸이 움츠러드는 걸까요? 교과서 혹은 뉴스에 나오는 저 어려운 단어는 과연 무슨 뜻일까요? 꽤 긴 지문의 수학 문제를 집중해서 한 자 한 자 읽었는데 어째서 무엇을 풀어야 할지 감이 오지 않는 걸까요? 다들 이런 생각을 한 번쯤 해 봤을 거예요.

사실 한국어 독해 능력이 떨어지는 이유는 분명합니다. 어휘력 부족 때문이죠. 독해력을 기르기 위해서는 모든 학습의 기초라고 할 수 있는 어휘력이 바탕이 되어야 합니다. 무엇을 어디서부터 어떻게 시작해야 할지 막막하다면 일단 쉬운 것부터 하나하나 부딪쳐 봅시다.

단어 사귀기

우리가 처음 말을 시작할 때, '엄마, 아빠'처럼 간단한 단어를 먼저 말하고 그 단어로 문장을 만들면서 처음으로 말의 세계에 들어서죠. 그런데 이 단어들로 일상적인 말을 완성하고 나면 어휘의 기초 단계 성장은 일단 멈추게 돼요.

다음 단계로 넘어가 더 수준 높은 단어를 익히려면 뭔가 구체적인 노력이 필요한데요. 먼저 여러 글이나 책을 읽어서 자연스럽게 어휘를 익히는 방법과, 중요한 단어만 모아 놓은 책을 통해 공부하는 방법이 있어요.

그런데 두 방법 다 쉬운 건 아니에요. 많은 인내심과 노력이 필요한데 성공률이 높지가 않거든요. 그렇다면 어떤 방법이 가장 좋을까요? 꾸준히 할 수 있으면서도 부담 없이 어휘를 공부하는 나만의 방법을 만들 순 없을까요?

어휘 공부는 친구를 사귀는 것과 비슷해요. 자주 볼수록 친한 친구가 되는 것처럼 어휘 공부할 때 가장 중요한 것은 될수록 많은 단어를 자주 만나는 거예요.

낯선 단어를 한 번 만나면 어색하지만, 두 번, 세 번 만나면 익숙해져서 친구처럼 편안해지고 어느새 '아는 단어'가 되는 겁니다.

새로운 친구와 가까워지고 싶을 때, 여러분은 어떻게 하나요? 무작정 만나자고 다가가기보다는 그 친구가 어떤 성격인지, 뭘 좋아하는지 등등을 알아보려고 할 거예요. 어휘도 마찬가지입니다. 모르는 단어는 무조건 사전에서 찾아보는 습관을 기르고, 찾은 단어는 따로 기록하여 나만의 사전을 만드는 거예요. 이런 노력을 반복하면 저절로 어휘 능력이 향상되고, 어느 정도 수준에 도달하면 문장 속에서 단어를 접해도 그 단어의 뜻을 유추할 수 있게 돼요.

그때부터는 교과서, 책, 신문, 전문 서적까지 막힘없이 읽을 수 있을 테니, 읽는 재미와 더불어 공부가 재밌어지는 신비한 경험을 하게 될 거예요. 어휘가 더 이상 부담스러운 존재가 아니라 새로 사귀게 된 친구처럼 설레는 존재가 된답니다.

'단어 오징어 게임'을 시작하시겠습니까?

본격적으로 공부를 시작하기 전에 일단 자신의 어휘력 수준이 어느 정도인지 확인해 보는 게 중요해요. 최대한 객관적으로 점검해 봐야 어휘 공부를 어떻게 할지 방법을 결정할 수 있죠.

지금부터 몸에 힘을 쫙 빼고 최대한 편안하게 어휘력 테스트를 시작해 보도록 할게요. 문제집처럼 재미없다면 할 맛이 안 나겠죠? 그래서 준비했습니다. 단어 오징어 게임!

전 세계적으로 어마어마한 화제를 모은 넷플릭스 드라마 〈오징어 게임〉을 들어 봤나요? 이 드라마에서는 저마다 절박한 사연이 있는 사람들이 456억 원이라는 큰돈을 차지하기 위해 위험한 게임 속으로 몸을 던지죠. 우리는 456억 원 대신, 어쩌면 그보다 더 가치 있는 한국어 독해 실력을 위해 게임을 즐겨 보려 합니다.

"게임을 시작하시겠습니까?"

1단계 미션: 금은동 단어 올림픽

아래 제시된 10개의 단어 가운데 뜻을 정확히 알고 설명할 수 있는 것들이 몇 개나 되는지 확인해 보세요. 본인이 정확히 아는 단어에는 동그라미, 애매하게 아는 단어에는 세모, 모르는 단어에는 엑스 표시를 해 주세요.[1]

단어	표시	점수
가결하다		
강구하다		
구축하다		
수반하다		
대두하다		
명시하다		
배타하다		
확충하다		
봉착하다		
사료하다		
합계		

○-3점 / △-2점 / X-0점
금메달 21~30점 / 은메달 11~20점 / 동메달 0~10점

테스트를 완료했다면 책 맨 뒤 정답지를 확인하고 점수를 매겨 보세요. 애매하거나 잘 모르는 단어가 있었다면 이번 기회에 정확한 뜻을 확실하게 알고 넘어가길 바랄게요.

아래 단어 하나하나가 징검돌이라고 생각해 보세요. 돌에 쓰인 단어 중에서 '관계되다'와 비슷한 의미로 쓰일 수 있는 단어만 선택해 한 칸씩 밟고 지나가세요.[2]

만약 잘못된 단어를 밟으면 낭떠러지로 떨어지게 됩니다. 신중히 고민한 후 도착 지점까지 무사히 다다르길 바랍니다. 필요한 경우, 사전 찾기 찬스 1회 허용하겠습니다.

다들 무사히 건너왔나요? 낭떠러지로 떨어진 참가자가 있다면 마지막으로 한 번의 기회를 더 드리겠습니다. 징검돌을 밟을 때 가장 고비가 됐을 것으로 추정되는 아래 두 단어의 뜻을 익히고, 실제로 어떻게 쓰일 수 있는지 살펴보세요.

▪ **견련되다:** 서로 얽히어 관계를 가지게 되다.

예시) 새 학기 동아리 연합 활동으로 1학년과 3학년 임원진이 서로 견련되었다.

▪ **결렬되다:** 교섭이나 회의 따위에서 의견이 합쳐지지 않아 각각 갈라서게 되다.

예시) 노사 협상이 끝내 결렬되어 노동자들이 파업에 돌입했다.

마피아 게임에 대해 들어 봤나요? 선량한 시민들 사이에 위장하고 숨어 있는 마피아처럼, 수상해 보이고 거짓말을 하는 것 같은 사람을 찾아내는 게임이죠.

지금부터 사람 대신 단어를 가지고 마피아 게임을 해 볼 건데요. 나머지 단어들과 다른 뜻을 가진 한 단어, 즉 마피아 단어를 찾는 것이 목표입니다. 아래 문장에서 밑줄 친 단어와 아예 다른 뜻을 가진 마피아 단어를 한 개씩 찾아 주세요.[3]

㉠ 잠에 빠지려는 <u>찰나</u> 문 두드리는 소리가 들렸다.
〈삽시 잠시 순간 일시 무궁 당시〉

㉡ 이것이 바로 문학의 <u>진수</u>다.
〈알짜, 부분, 정수, 요체, 본질, 핵심〉

㉢ 꿈을 이루기 위해 학업에 <u>열중하다</u>.
〈몰두하다 산만하다 집중하다 몰입하다〉

이렇게 어휘력 테스트가 끝났어요. 자신의 어휘 수준과 능력을 정확히 파악한 후, 부족한 부분은 기초부터 시작해 단계를 올려 나가고, 잘하는 부분은 수준을 높여 심화 학습을 하는 게 좋아요.

다시 강조하지만, 어휘력은 모든 문해력의 기본이며 시작이에요. 1부에서 배우게 될 고유어, 한자어, 사자성어, 관용구, 속담 등 다양한 영역의 어휘들을 내 것으로 만들어 나가야 해요.

무엇보다 평소 어휘력의 중요성을 마음에 항상 새겨 두고, 모르는 어휘에 귀 기울이는 습관을 기른다면 어느새 어휘에 자신감이 생길 거예요.

2장
아니 내 말은
그 말이 아니고

- 동음이의어와 다의어 -

주로 책이나 신문을 뒤지며 원하는 정보를 찾았던 과거와 달리, 요즘은 스마트폰 하나면 무한한 양의 정보를 언제 어디서나 간편하게 검색해 볼 수 있죠. 종이 위 활자로 존재했던 것들이 디지털화된 덕분인데요. 정보와 지식의 디지털화에는 분명 장점이 많아요. 하지만 글을 읽고 이해하는 능력인 문해력 면에서는 어떨까요?

요즘은 핵심만 간추린 동영상이나 짧은 글과 이미지로 정보를 얻는 것이 일상적이에요. 그렇게 간단한 문장에 익숙해지면서 단어나 표현이 조금만 복잡해져도 문맥 파악에 어려움을 느끼게 돼요.

뒷목 잡게 하는 동음이의어

학생들의 경우, 한자어가 섞인 말이라든지 낯선 단어가 나오면 전혀 다른 뜻으로 해석해 버리는 등 소통에 문제가 생기는 모습이 자주 보여요.

이 장에서는 글자가 같아서 뜻까지 헷갈리거나, 한 번에 여러 뜻을 갖고 있는 단어 등을 짤막한 에피소드들을 통해 짚고 넘어가 볼게요.

무료하다

하굣길에 터덜터덜 걷고 있는 민지 곁에 혜나가 헐레벌떡 달려와서 숨을 고른다.

혜나: 헉헉, 기다리라니까 왜 먼저 가고 그래? 어디 가? 약속 있어?

민지: 아니, 사거리에 새로 생긴 올리브영이나 가려고.

혜나: 왜? 거기 세일 중이야? 나도 틴트 사야 하는데.

민지: 그런 건 아니고 학원 가기 전에 시간이 좀 비는데 딱히 할 것도 없고 무료해서.

혜나: 대박! 무료 이벤트가 있으면 냉큼 말했어야지. 치사하게 혼자만 가냐? 나 좀 서운해.

민지: 아니, 무료라는 게 아니라 무료함을 달래러 간다고!

둘 사이에 크나큰 오해가 생겨 버린 것 같네요. 혜나는 '무료 강습', '무료 체험' 등으로 흔히 쓰이는 '무료'를 연상해, 요금 없이 공짜로 무언가를 제공한다는 뜻인 줄 알았던 거예요. 하지만 민지가 말한 '무료함'과는 전혀 관련이 없는 단어랍니다.

사전에서 '무료하다'를 찾아보면 "흥미 있는 일이 없어 심심하고 지루하다."라는 뜻을 확인할 수 있습니다. 이때 '무료'는 '없다 무(無), 귀 울리다 료(聊)'로 이루어진 한자어예요. 이와 달리, 요금이 없음을 뜻하는 '무료'는 '없다 무(無), 헤아리다 료(料)'가 더해진 단어이고요.

만약 혜나 생각대로 '무료하다'가 공짜로 준다는 뜻이라면, 반대로 '유료하다'라는 말도 있게요? 하지만 그런 단어는 이 세상에 존재하지 않죠. 앞으로는 헷갈리지 마세요!

고지식하다

오랜만에 해외여행을 떠나는 지원이네 가족. 공항으로 출발하기 전 각자 짐을 챙기느라 분주하다.

지원: 옷은 이 정도면 됐고, 여권도 넣었고…. 아 참, 다들 칫솔이랑 텀블러, 손수건도 챙기세요!

오빠: 뭘 그렇게 바리바리 가져가냐? 거기 가면 다 있으니까 옷이나 더 챙겨. 히히, 인생 사진 잔뜩 건져야지!

지원: 안 그러면 일회용품 써야 하잖아. 요즘 기후 위기랑 환경오염 문제가 얼마나 심각한데. 내가 고지식해 보일지 모르겠지만 난 다 챙겨 갈 거야.

오빠: 네가 고지식이라고? 이 와중에 잘난 척이냐?

지원: 내가 언제 잘난 척했어?

오빠: 네가 지식이 높다며, 높을 고! 지식!

지원: 뭐라고? 그럼 너는 저지식한 거냐? 당장 내 방에서 고 어웨이 (go away) 해 줄래?

지원이 오빠가 나름대로 한자 실력을 뽐내려 한 듯한데 완전히 잘못 짚었네요. '고지식하다'는 지식이 높다는 게 아니라 '성질이 한 방향으로만 곧아 융통성이 없다'는 뜻이에요. 어떤 일에 예외를 두지 않고 딱딱하게 구는 태도를 일컫는 말로, 지식과는 전혀 상관이 없어요. '지식'이라는 글자가 들어가서 왠지 한자어처럼 보이지만 순우리말이랍니다.

(통화량)

마트에서 장을 보는 규민이와 엄마. 규민이는 친구와 통화하며 카트를 끌고 있다.

규민: 여덟 시에 편의점 즉석라면? 오키.

엄마: 어머, 상추값이 왜 이래? 몇 장 들어 있지도 않은데 오천 원? 저녁에 삼겹살이나 구워 먹을까 했더니….

규민: (삼겹살?) 야, 미안한데 라면은 다음에 먹자. 엄마가 삼겹살 구워 준대. 끊어!

엄마: 뉴스에서 통화량이 증가했다더니 역시 물가가 많이 올랐네. 이제 10만 원 갖고는 몇 가지 사지도 못하겠어. 삼겹살이랑 상추만 사도 이게 얼마야.

규민: 엄마, 내가 요새 <u>통화량</u> 좀 많다고 너무 눈치 주시는 거 아녜요? 나 무제한이라고요!

엄마: 으이구, 그 통화량 이 통화랑 같니? 우리 아들, 수업 시간에 졸았구나?

규민이 엄마가 말한 통화량은 '나라에서 실제로 돌고 있는 돈의 양'을 뜻해요. 이때 '통화'는 유통 수단이나 지불 수단으로 기능하는 화폐입니다. '통하다 통(通), 재화 화(貨)'로 이루어진 한자어죠. 즉, 통화량이 늘어난다는 건 시중에 현금이 많이 풀려 있다는 뜻이고, 그럼 돈이 흔해져 화폐가치가 떨어집니다. 화폐가치가 낮아지면 상대적으로 물건의 가치가 오를 테니 당연히 물가가 오르겠죠?

반면, 규민이가 말한 통화는 "전화로 말을 주고받음"이란 뜻으로 '통하다 통(通), 말하다 화(話)'가 더해진 한자고요.

지금까지 살펴본 것처럼 음이 같은데 뜻이 다른 단어를 동음이의어라고 해요. 우리가 일상생활에서 뜻을 헷갈리고 의사소통에 오류가 생기는 원인 중 하나죠.

한글은 배우기 쉽고 아름다운 고유 문자로 전 세계에 알려져 있지만, 외국인들이 한글을 공부하다가 갑자기 콱 막히는 부분이 바로 이 동음이의어랍니다. 똑같은 단어인데 뜻이 다르니까요.

사실 외국인뿐 아니라 내국인도 전체 맥락이나 한자 병기를 보지 않으면 동음이의어를 제대로 구별하기는 어렵습니다.

엎친 데 덮친 다의어

그런데 동음이의어를 더 이해하기 힘들게 만드는 것이 있으니 바로 다의어예요. 다의어는 동음이의어처럼 음이 같은 데다 뜻까지 비슷하거든요.

동음이의어와 다의어 둘 다 음이 같다는 특성이 있기 때문에 이 둘을 혼동하는 경우가 많아요. 그냥 단어만 봐서는 절대 구별할 수 없기 때문에 당연히 시험 문제로도 자주 등장해서 우리를 난감하게 만들죠.

그러니 동음이의어와 다의어를 구별하는 방법을 확실히 알고 있어야 해요. 예시를 통해서 방법을 찾아볼까요?

- 복잡한 길을 갈 때는 조심해라.
- 학교 가는 길에 잠깐 들렀어.
- 민지와 싸웠는데 도저히 친구 관계를 회복할 길이 없다.

위 세 문장에 등장하는 '길'이라는 단어는 다의어 관계에 있어요. 첫 번째 '길'은 '사람이나 동물 또는 자동차 따위가 지나갈 수 있게 땅 위에 낸 일정한 너비의 공간'을 뜻하는 '중심의미'예요. 두 번째와 세 번째 '길'은 중심의미에서 갈라져 나온 단어로, 각각 '어떠한 일을 하는 도중이나 기회', '무엇을 하기 위한 방법이나 수단'을 뜻하는 '주변의미'고요. 즉, 중심의미에서 주변의미가 뻗어 나왔기 때문에 당연히 뜻이 유사할 수밖에 없죠.

직접 사전을 찾아보면 한눈에 그 차이를 알 수 있어요. 국립국어원 표준국어대사전(https://stdict.korean.go.kr/)에서 '길'을 검색해 볼까요?

길1「명사」
「1」 사람이나 동물 또는 자동차 따위가 지나갈 수 있게 땅 위에 낸 일정한
　　너비의 공간.
(예시) 한적한 길.

길2「명사」
「1」 물건에 손질을 잘하여 생기는 윤기.
(예시) 길이 잘 든 기계.
「2」 짐승 따위를 잘 가르쳐서 부리기 좋게 된 버릇.
(예시) 길이 잘 든 말.

　사전에서 길1, 길2, 이렇게 표제어로 각각 분류되어 나오면 동음이의어예요. 그런데 길1을 클릭했을 때 다시 「1」, 「2」 이렇게 파생되어 나오는 단어들은 다의어인 거죠.
　평소에 동음이의어와 다의어를 많이 접하고 예시를 알아 두었다가 적절히 응용해 보는 습관을 들이면, 두 가지를 구별하기가 훨씬 수월해질 거예요.

☞ 동음이의어냐 다의어냐 그것이 문제[4]

㉠

지민이가 부산에 <u>간다</u>.

할지 말지 거기 <u>가서</u> 생각해 볼게.

욕실 벽에 금이 많이 <u>가</u> 있다.

이 치즈는 맛이 <u>갔다</u>.

㉡

시큼한 <u>내</u>가 확 올라왔다.

어린 시절 나는 <u>내</u>에서 물고기를 잡고 놀았다.

최대한 빠른 시간 <u>내</u>로 일을 마치시오.

㉢

태리와 갑자기 <u>눈</u>이 마주쳤다.

<u>눈</u>이 아파서 안과에 갔다.

훌륭한 작품을 보는 <u>눈</u>이 탁월하다.

㉣

누군가 내 <u>뒤</u>를 밟고 다녔다.

그 사람의 <u>뒤</u>를 봐주는 사람이 있는 게 틀림없다.

전통 맛집의 <u>뒤</u>를 이을 사람이 있을까?

예지는 <u>뒤</u>끝이 없어서 좋다.

ⓜ

오래 달렸더니 <u>발</u>이 너무 아프다.

소녀는 <u>발</u>을 걷고 달빛 아래로 모습을 드러냈다.

면<u>발</u>이 쫄깃하니 딱 내 취향이다.

▸ 동음이의어: ⓛ,

▸ 다의어: ㉠,

3장
너는 대체
왜 자꾸 보이냐'구'

- 관용구 -

　앞에서 강조했듯 문해력을 키우는 데 어휘력은 절대 빠질 수 없는 필수 요소입니다. 성장기에 키가 쑥쑥 크려면 칼슘이나 단백질 성분을 많이 섭취해야 하듯, 다양한 어휘들을 폭넓게 습득하면 문해력을 성장시키는 밑거름이 되죠.

　그중 관용구들을 두루 익혀 두는 것도 도움이 많이 되는데요. 관용구란, 둘 이상의 낱말이 만나 각 단어의 본래 뜻과는 전혀 다른 의미로 쓰이는 말이에요. 단순히 그 단어들의 본래 의미만으로는 전체의 의미를 알 수 없는, 새롭고 특별한 뜻을 나타내는 어구죠.

생동감과 풍부함의 세계

관용구를 알아 두면 국어나 논술 시험에도 물론 도움이 되지만 책을 읽을 때도 문맥을 더 잘 파악할 수 있고 사람들과 대화를 할 때도 보다 풍부하게 소통할 수 있답니다. 대부분 비유적 표현이기 때문에 말이나 글에 생동감을 줄 뿐만 아니라, 짧은 몇 마디로도 풍부한 의미를 전달할 수 있다는 장점이 있죠. 이번 장에서는 알아 두면 유용한 관용구들을 재미있는 에피소드와 함께 공부해 볼게요!

얼굴이 꽹과리 같다

놀이공원 안, 롤러코스터를 타려는 사람들이 길게 줄을 서 있다.

수빈: 30분이나 기다렸는데 앞으로 30분 더 기다려야 된대. 롤러코스터 한번 타기 진짜 힘드네.

주연: 그러게, 아직 타지도 않았는데 너무 오래 서 있었더니 머리가 빙글빙글 도는 것 같아.

그때, 수빈과 주연 앞에 다른 학교 교복을 입은 학생들이 자연스럽게 쓱 끼어든다.

학생 1: 잠깐 화장실 다녀왔더니 그사이에 줄이 이렇게 길어졌네.

주연: 저기요, 갑자기 새치기하시면 안 되죠. 맨 뒤로 가세요.

학생 2: 화장실 다녀왔다니까요. 뭘 그렇게 정색하고 그러세요. 그냥 좋게좋게 넘어가 줘요.

수빈: 그쪽 <u>얼굴이 완전 꽹과리 같네요.</u>

학생 1: 뭐? 어디서 얼굴 지적이야!

꽹과리는 쨍하고 경쾌한 소리를 내는 우리나라 전통 악기예요. 구리에 아연을 섞은 놋쇠로 만든 표면을 채로 쳐서 소리를 내죠. 꽹과리처럼 얼굴이 두껍고 단단해서 부끄러운 줄 모르고 뻔뻔스러운 행동을 서슴없이 할 때 '얼굴이 꽹과리 같다'라고 한답니다.

누운 소 타기

수빈과 엄마가 유튜브에서 먹방을 보고 있다.

수빈: 어떻게 사람이 라면 열 봉지를 한 번에 먹어? 진짜 대박이다.

엄마: 그러게 말이야. 질릴 법도 한데 어쩜 저렇게 국물까지 맛있게 싹 다 비우지? 저 사람들한테는 폭식이 <u>누운 소 타기</u>인가 봐.

수빈: 라면 먹다가 갑자기 누운 소를 왜 타?

'누운 소 타기'는 매우 쉬운 일을 비유적으로 이르는 말인데요. 대화에서는 먹방 유튜버에게 라면 열 봉지 먹는 것쯤은 일도 아니라는 뜻으로 쓰였죠.

그런데 현실적으로 누운 소를 타는 일도 꽤 어려울 것 같지 않나요? 물론 서 있는 소를 타는 것보다 누워 있는 소를 타는 게 상대적으로 쉽기 때문에 이런 말이 생겼겠지만요.

누운 소 타기와 비슷한 말로 '누워서 떡 먹기'가 있어요. 누워서 떡 먹기는 이제 너무 익숙한 표현이니, 새롭게 배운 표현을 활용해 보는 건 어떨까요?

발이 길다

식탁에 짜장면과 탕수육, 족발, 떡볶이 등이 잔뜩 올라와 있다.

주연: 와, 엄마 뭘 이렇게 많이 시켰어? 오늘 완전 내 생일 같네! 잘 먹겠습니다~

엄마: 너 공부하느라 힘들어 보여서 엄마가 신경 좀 썼지. 맛있게 많이 먹어~

그때 딩동, 하고 초인종이 울린다.

주연: 엄마, 또 뭘 더 시켰어? 지금도 충분한데….

엄마: 다 온 것 같은데, 더 올 게 남았나?

엄마가 현관문을 열자, 주연의 친구 수빈이 들어온다.

수빈: 어머니, 안녕하세요. 주연아, 나랑 수학 숙제 같이 하자. 와, 근데 오늘 누구 생일이야? 상다리 부러지겠다!

주연: 친구야, 넌 참 발이 길구나.

수빈: 나? 발 사이즈 235밖에 안 되는데? 네가 훨씬 길잖아.

주연: 말을 말자. 어서 앉아, 같이 먹고 숙제하게!

'발이 길다'라는 말이 실제로 발이 길쭉하다는 뜻이라면 관용구가 아니겠죠? 이 말은 음식 먹는 자리에 우연히 가게 되어 먹을 복이 있다는 뜻이에요. 평소에는 잘 안 보이다가, 뭘 먹으려고 하면 귀신같이 나타나는 친구들 가끔 있죠? 그런 경우에 쓰는 말이랍니다. 반대로 남들 다 먹고 난 뒤에야 나타나는 경우에는 '발이 짧다'라고 해요.

정확한 어원이 알려져 있진 않지만, 발이 아주 길어서 성큼 한 걸음만 디뎌도 음식에 가까이 가는 장면이 상상되지 않나요? 여러분은 발이 긴 편인지, 아니면 짧은 편인지 궁금하네요.

관용구, 속담, 사자성어의 차이점

관용 표현 중에 속담은 인류가 오랜 세월에 걸쳐 얻은 경험과 교훈, 견해를 간결한 형식으로 표현한 말이에요. 속담에는 조상들의 오랜 지혜와 생활 속 경험이 녹아들어 있기 때문에 어쩌면 삶의 중요한 순간에 우리에게 길라잡이가 되어 줄 수도 있어요.

또한 속담은 그 시대를 반영하는 거울과도 같아서 우리가 살지 않았던 과거의 모습을 짐작해 볼 수 있게 해 주고, 고전소설이나 고전 시가를 이해하는 데에도 많은 도움을 줄 수 있죠.

그렇다면 앞 절에서 다룬 관용구와 속담은 어떻게 다를까요? 둘 다 비유적 표현을 사용하지만, 관용구는 속담처럼 진리나 교훈을 담고 있진 않죠. 그냥 상황 자체를 다른 데 빗대어 말할 뿐이에요.

이 차이점을 기억하면서, 속담과 관용구를 한번 구분해 볼까요?

☞ **관용구냐 속담이냐 그것이 문제**[5]
㉠ 금강산도 식후경인데 점심 먹고 합시다.
㉡ 파격 할인이 시작되자 입추의 여지 없이 사람들이 몰려 들었다.
㉢ 꼬리가 길면 밟히는 법이니 더 이상 거짓말을 하지 마라
㉣ 정부의 이번 경제 정책은 언 발에 오줌 누기에 불과하다.
㉤ 보고 싶은 영화의 결말을 들어 버려서 김이 빠졌다.

▶ 관용구: ㉡,
▶ 속담: ㉠,

　관용구와 속담을 열심히 공부하다 보면 자연스럽게 사자성어 공부까지 이어질 수 있어요. 사자성어란, 한자 네 글자로 이루어진 한 단어인데요. 우리가 쓰는 관용구와 속담은 대개 사자성어로도 바꿔 표현할 수 있답니다. '방귀 뀐 놈이 성낸다'라는 속담을 들어 봤나요? 잘못한 사람이 불안해서 도리어 큰소리를 치는 상황에 쓰이죠. 이런 상황에 속담 대신 쓸 수 있는 사자성어는 무엇이 있을까요? 맞아요! 적반하장입니다.
　이렇게 관용구나 속담, 사자성어는 짝을 이루는 경우가 많기 때문에 함께 공부하면 '꿩 먹고 알 먹고, 도랑 치고 가재 잡고', 즉 '일석이조'의 효과가 나타날 겁니다.

☞ 관용구나 속담에 사자성어 짝 맺어 주기[6]

㉠ 언 발에 오줌 누기 (임시방편)

㉡ 배꼽을 잡다 ( )

㉢ 엎친 데 덮친 격 ( )

㉣ 달도 차면 기운다 ( )

㉤ 아는 것이 병이다 ( )

㉥ 빈대 잡으려고 초가삼간 태운다 ( )

옛날 말을 꼭 알아야 하냐고?

▪ 규원이가 물에 빠진 생쥐 꼴이 되었다.

▪ 지안이는 콧대가 높아 친해지기 어렵다.

'물에 빠진 생쥐', '콧대가 높다' 같은 표현을 들으면 어떤 모습이나 특징이 훨씬 강렬하게 그려지죠. 이걸 단순히 물에 흠뻑 젖었다, 자신감이 지나치다, 하고 일상어로 표현하면 뭔가 밋밋하고 심심하게 느껴지잖아요. 이렇게 비유를 활용해 일상어를 인상 깊은 말로 바꿔 주는 것이 관용구의 중요한 역할이에요.

반면에 우리 문화를 모르거나 배경지식이 전혀 없는 사람이 들으면 이해할 수 없다는 것이 관용구의 단점이에요. 이렇듯 관용 표현은 우리의 문화와 생각이 고스란히 담겨 있는 말인 거죠.

그런데 요즘에는 관용구의 뜻을 잘 모르는 청소년들이 정말 많아요. 예전만큼 일상적으로 많이 쓰진 않지만, 그렇다고 관용구가 우리말에서 완전히 사라진 것은 아니에요. 여전히 기성세대 사이에서나 문학작품에서는 큰 비중을 차지하고 있기 때문에 꼭 익혀 두어야 해요. 그리고 관용구를 잘 알아 두면 다양하고 폭넓은 언어생활을 할 수 있는 좋은 양분이 돼요.

관용구는 옛날 사람들이 썼던 말이고 앞으로 없어질 것이니 배울 필요가 없다고 생각할 수도 있겠지만 그렇지 않아요. 애초에 관용구가 처음 탄생한 건 기존의 말보다 더 적절하고 새로운 표현을 찾고자 하는 욕구 때문이거든요. 그러니 앞으로도 얼마든지 시대에 맞게 적절히 변화되어 참신한 표현들로 재탄생할 수 있어요, '온고지신'이란 사자성어처럼 옛것을 익혀 새롭게 응용하면 창의적인 언어생활을 할 수 있답니다.

4장

둘 다 없으면 안 돼

- 한자어와 고유어 -

　한 해가 저물어 갈 때쯤 문구점이나 서점 입구에 눈에 확 띄는 것이 있죠. 진열대에 가지런히 꽂힌 형형색색의 카드들 말이에요. 어찌나 종류가 다양한지 넋 놓고 구경하다 보면 시간 가는 줄 모르곤 하죠. 여러분은 언제 마지막으로 손 편지를 써 봤나요?

　인터넷과 스마트폰이 발달하면서 요즘은 손으로 편지를 써 보내는 일이 드물지만 예전에는 손 편지를 자주 주고받곤 했어요. 특히 연말연시가 되면 고마운 마음이 담긴 편지가 많이 오갔죠.

새해를 기념하는 한자어

혹시 연하장(年賀狀)이 무엇인지 알고 있나요? 연하장은 새해를 축하하고 희망찬 한 해를 기원하는 뜻으로 간단한 글과 그림을 담아 가족이나 친척, 친구 등 지인들에게 보내는 편지랍니다. 이것은 15세기 유럽에서 비롯됐다고 해요. 인쇄술이 발달했던 독일에서 새해 인사말을 구리판으로 인쇄하면서 시작됐죠. 이후 19세기 들어 영국, 미국 등에서 크리스마스카드에 새해 인사를 함께 적어 보내면서 전 세계적으로 연하장을 보내는 문화가 널리 퍼졌어요.

연하장 속 문구를 보면 단골로 쓰이는 한자어들이 눈에 띄는데요. 주로 사자성어가 많답니다. 한자어를 전혀 모르면, 사람들과 안부를 주고받는 일이 조금 어색하고 힘들지도 몰라요. 연말연시 각종 인사말에 자주 등장하는 한자어들을 몇 가지 살펴볼게요.

근하신년

謹 삼가다 근　賀 하례하다 하　新 새 신　年 해 년

정확한 뜻은 몰라도 다들 한 번씩 본 적 있죠? 연말연시에 편지 문구뿐만 아니라 텔레비전 광고, 건물에 붙은 현수막 등 어디서든 흔히 볼 수 있는 대표적인 표현이에요.

근하신년은 삼가 새해를 축하한다는 뜻인데요. 여기서 '삼가'는 '겸손하고 조심하는 마음으로 정중하게'라는 의미예요. 누군가가 세상을 떠났을 때 전하는 "삼가 고인의 명복을 빕니다."라는 인사말에도 쓰이는 단어죠.

그런데 근하신년이라는 표현이 일본에서 유래했다는 이야기가 있어요. 일본은 19세기 후반 서구식 근대화를 목표로 한 대규모의 정치적·사회적 변혁인 메이지유신 이후로 근대 우편 제도가 확립되었는데요. 이때 연하장 문화가 널리 퍼졌다고 합니다. 여전히 일본에서는 손으로 직접 쓴 연하장을 주고받는 이들이 많고, 여기에 자주 쓰이는 문구 중 하나가 근하신년이라고 해요.

송구영신

送 보내다 송　舊 예 구　迎 맞다 영　新 새 신

역시 연말연시에 흔히 볼 수 있는 표현 중 하나랍니다. 옛것을 보내고 새로운 것을 맞는다, 즉 묵은해를 보내고 새해를 맞는다는 뜻이에요.

송구영신은 송고영신(送故迎新)에서 유래된 말이라고 해요. 이는 옛 관리를 보내고 새 관리를 맞이한다는 뜻인데요. 원래 중국 벼슬아치들이 나랏일을 보던 관가에서 구관(옛 관리)을 보내고 신관(새 관리)을 맞이하는 행사 중에 쓰였어요. 이전의 관리를 보내고 새로운 관리를 맞이하듯, 지난해를 보내고 새로운 한 해를 맞이한다는 비유가 꽤 재미있죠?

일신우일신

日 날 일　新 새 신　又 또 우　日 날 일　新 새 신

새해에는 나날이 더 새로워지기를 기원한다는 뜻이에요. 이 말은 고대 중국 은나라를 세운 임금이 좌우명으로 삼은 문장에서 비롯됐다고 해요. 그는 이 문장을 한시도 잊지 않기 위해 세숫대야에 새겨 놓았대요. 진정으로 새로운 사람이 되기 위해서는 하루하루 새롭고 또 새롭게 노력해야 한다는 의지가 엿보이는 말입니다. 비슷한 표현으로 일취월장(日就月將, 나날이 다달이 자라거나 발전함)이 있어요.

다음 새해에는 주변의 소중한 사람들에게 손 글씨로 편지를 써서 전하는 건 어떨까요? 올 한 해도 수고 많았다고, 새해에도 행복한 일이 가득하길 바란다고 말이에요. 물론 꼭 어려운 말을 쓰지 않아도 진심을 담은 인사말이라면, 쓰는 사람도 받는 사람도 마음이 한층 따뜻해지는 기분을 느낄 수 있을 거예요. 여러분에게 전하고 싶은 말을 연하장 형식으로 전해 볼게요.

〈송구영신〉

학교에서 국어 공부를 하기도 바쁠 텐데
이렇게 짬을 내어 선생님과 함께
문해력을 공부하느라 수고가 많습니다.
올해는 더 폭넓은 독서로 어휘력을 키우고
우리말을 올바르게 쓰는 데에도 관심을 가지면서
한층 더 멋진 모습으로 성장하길 바랄게요.
지난해의 아쉬움은 다 털고
일신우일신하는 한 해가 되길 진심으로 기원합니다.
멀리서나마 여러분을 언제나 응원할게요.

새해 복 많이 받으세요!

– 이 책의 저자 드림

고유어가 한자어에 밀렸다고?

지금까지 한자어에 대해 알아봤는데요. 그렇다면 이제 고유어에 대해서도 공부해 볼까요? 고유어는 국어에 본디부터 있던 말이나 그것에 기초하여 새로 만들어진 단어, 즉 순우리말을 뜻해요.

우리가 자주 사용하는 고유어들은 대개 의미의 폭이 넓어서 상황에 따라 여러 가지 다른 뜻으로 해석되는 말들, 즉 앞서 배운 동음이의어나 다의어가 많아요. 일상생활에서 자주 쓰이다 보니 하나의 단어가 여러 가지의 의미로 쓰이게 된 것이죠.

고유어와 한자어는 오랜 세월에 걸쳐 우리말 안에서 공존해 오는 동안 매우 특별한 관계를 맺게 되었어요. 한 개의 고유어와 둘 이상의 한자어들이 폭넓은 대응 관계를 형성하기도 하죠.

예를 들면, 고유어 '생각'은 맥락에 따라 '사색, 사유, 명상, 상념, 궁리, 연구, 구상, 발상, 기억, 추억, 의사, 의향, 의도, 심중' 등 매우 다양한 한자어의 뜻에 대응될 수 있어요. 이렇게 고유어가 여러 가지 의미를 가지고 있다 보니, 애매모호해서 정확한 뜻을 파악하기가 어려울 때가 많아요.

그에 반해 한자어들은 대개 추상적인 개념어로 쓰여 더 정확하고 분화된 의미를 가지고 고유어를 보완하는 역할을 하기 때문에 국어에서 중요한 위치를 차지하고 있어요. 현실적으로 한자어를 모르면 어휘력이 좋아지기 어렵죠.

사실, 고유어와 한자어는 서로 끝없이 대결하며 이기면 살아남고 지면 사라지는 게임을 해 왔다고 볼 수도 있어요. 결과적으로 보면 우리가 접하는 글에서 한자어가 더 많이 쓰이니 고유어가 한자어 뒤로 밀린 게 아니냐고 할 수도 있겠지만, 그건 잘못된 생각이에요. 고유어는 어떤 것과도 바꿀 수 없는 소중한 우리의 자산이니까요. 우리 고유의 역사와 정서를 담고 있는, 역사적·민족적으로 매우 가치 있는 언어이므로 앞으로도 우리가 지키고 발전시켜야 해요.

다음 예시에서 한자어와 고유어를 구분해 볼까요?

☞ **한자어냐 고유어냐 그것이 문제**[7]

㉠ **시나브로**: 모르는 사이에 조금씩 조금씩

㉡ **모꼬지**: 놀이나 잔치로 여러 사람이 모임

㉢ **상쇄**: 서로 영향을 미쳐 효과가 없어짐

㉣ **곰비임비**: 물건이 거듭 쌓이거나 일이 계속 일어남

㉤ **현학**: 학식이 높음을 자랑하여 뽐냄

㉥ **해거름**: 해가 서쪽으로 넘어가는 일, 또는 그런 때

㉦ **짐짓**: 맞는데 일부러 아닌 척

㉧ **수렴하다**: 의견 따위를 하나로 모음

㉨ **무진장**: 끝이 없을 정도로 아주 많음

㉩ **진풍경**: 구경거리가 될 만한 보기 드문 풍경

㉪ **막중하다**: 매우 중요함

언어는 흐른다

언어는 살아 있는 생명체와도 같이 끊임없이 생성-발전-소멸의 과정을 거쳐요. 언어가 존재하는 사회가 계속 발전하고 변화하고 있기 때문이에요. 그래서 언어는 단순히 의사소통의 도구만이 아니라 그 사회의 문화 그 자체라고도 할 수 있죠. 언어가 사라지면 문화도 사라지는 거예요. 이렇게 언어가 만들어지고 변화하고 사라지는 모든 과정을 언어의 역사성이라고 해요.

사라진 말

- **뫼:** 산
- **가람:** 강
- **즈믄:** 천(1,000)
- **창가(唱歌):** 대한제국부터 1945년 해방 전까지 부른 계몽적 노래로, 서양 악곡의 형식을 빌렸고 주로 학교를 통해 보급되었다.
- **공출(供出):** 일제강점기 때 전쟁 군량과 일본인의 식량을 확보하기 위해 우리나라에서 강제로 농산물(주로 식량)을 헌납하게 했던 제도.

뜻이 변한 말

- **도시락:** 식물 덩굴이나 댓가지, 싸릿가지로 만든 그릇 → 휴대용 음식
- **코리안 타임:** 약속 시간을 지키지 않는 시간관념 → 모든 것을 빨리빨리 하거나 그렇게 재촉하는 성급한 시간관념
- **국산:** 우리나라가 만든 조악한 싸구려 물품 → 중국이나 동남아시의의 가짜 제품이 아닌 우수한 한국산 물품

새로 생긴 말

- **멘토:** 상담과 조언을 해 주는 사람
- **보안관:** 학교 학생의 안전 생활을 위해 근무하는 안전생활지도 보조자
- **전자사전:** 사전의 내용을 종이 인쇄물이 아닌 디스켓 등 자기 장치에 담은 전자 매체

언어의 역사성은 어찌 보면 인생과 닮았어요. 마치 물 흐르듯 흘러가는 우리 인생처럼, 어휘들도 역사 속에 태어나고 성장하고 사라지며 함께 흘러가고 있는 거예요. 아주 먼 훗날에는 어떤 단어들이 살아남아 있을지, 어떤 말들을 쓰고 있을지 너무 궁금해서 때로는 시간 여행자가 되어 미래에 가 보고 싶은 충동을 느끼기도 해요.

5장
지킬 건 지키자

- 외래어 -

외래어와 외국어의 홍수 속에 살고 있는 지금, 언제부터인가 그것들이 우리말보다 오히려 세련되고 센스 있다고 여겨지는 현실이 안타까워요. 그렇다고 세계가 하나 되고 있는 지금, 모든 외래어를 우리말로 바꿀 수는 없죠. 시대 흐름에 맞춰 변하는 역사성 역시 언어의 본질이니까요.

하지만 우리가 아예 경계를 두지 않고 외국어를 무분별하게 사용해 우리말의 본질을 잃어버린다면, 우리 고유의 정체성마저 잃고 말거예요. 우리 언어를 지킨다는 건 곧 우리 정체성과 문화를 지키는 소중한 일이에요.

바꿔도 자연스럽다면 바꾸자!

외래어와 외국어의 차이를 알고 있나요? 외국 말 그대로를 발음해 적는 외국어와 달리, 외래어는 외국 말을 빌려와서 거의 우리말처럼 쓰게 된 말을 가리켜요. 예를 들면 버스, 컴퓨터, 피아노 같은 사물의 이름은 원래 영어에서 왔지만 우리나라에서도 아주 익숙하게 쓰이죠. 이것들을 다 우리말로 바꿀 수 있을까요? 바꾼다고 해도 억지스러워 보이지 않을까요?

이렇게 이미 너무 오래 사용해 모두에게 익숙해진 외래어는 우리 단어로 인정해야 하지만, 요즘은 충분히 바꿀 수 있는 단어도 외국어 그대로 표기해서 어렵게 보이는 경우가 많아요. 이대로 계속 무리한 외국어 사용을 방치하면 우리말을 오롯이 지킬 수 없을지도 몰라요. 그러니 가능한 범위 안에서 우리말로 바꿔 쓰려는 노력이 필요해요. 그럼 실제로 바꿔 보면 어떨지 예시를 한번 살펴볼까요?

챌린지 → 참여 잇기/도전 잇기

언박싱 → 개봉

브이로그 → 영상 일기

쿠키 영상 → 부록 영상/덤 영상

부스터 샷 → 추가 접종

북아트 → 책꾸밈/책예술

갈수기 → 가뭄 때

별첨/첨부 → 붙임

가드닝 → 정원 가꾸기

업로드 → 올리기/올려 주기

개런티 → 출연료

이렇게 우리말로 바꿔 보니 느낌이 확 다르죠? 뜻이 한 번에 쏙 들어오고, 영어나 한자를 몰라도 이해할 수 있으니 여러 세대가 두루 쓸 수 있어 실용적이기도 해요.

인간은 사회적 동물이고 언어는 사회적 약속으로 만들어졌어요. 그 언어를 사용하는 사람들이라면 되도록 그 약속을 지켜야 해요. 그래서 같은 언어를 쓰는 사람들끼리는 자연스럽게 소속감과 일체감을 갖게 돼요. 그것을 바탕으로 우리는 공동체를 이끌고 문제를 해결해 나갈 수 있죠.

이런 시대일수록 우리가 중심을 잘 잡고 언어 정체성을 지키며 세계로 나아갈 때 우리의 말과 문화가 세계화의 주인공이 될 수 있을 거예요. 지금 음악, 영화와 드라마, 음식 등 다양한 한국 문화가 전 세계인들에게 사랑받는 것은 우리가 그렇게 우리 문화를 발전시킨 결과예요. 여러분이 우리 문화와 언어의 주체이며 미래라는 점을 절대 잊어서는 안 돼요.

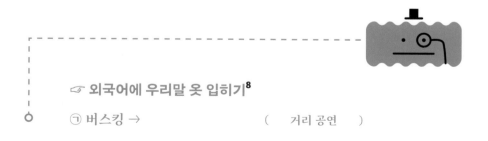

☞ **외국어에 우리말 옷 입히기**[8]

㉠ 버스킹 →　　　　　　　　(　거리 공연　)

  ⓛ 키오스크 →   (   )

  ⓒ 클린업 →   (   )

  ⓔ 블렌디드 러닝 →   (   )

  ⓜ 그린스마트 미래 학교 → (   )

  ⓗ 땡깡 →   (   )

  ⓢ 만땅 →   (   )

  ⓞ 와꾸 →   (   )

  ⓩ 치팅데이 →   (   )

외래어 사용 설명서

 우리 고유의 것을 지키고 우리 방식대로 살 수 있다면 너무 좋겠지만, 시대의 흐름을 살피지 않고 우리 문화만 고집하는 것은 세계화의 물결을 거스르고 오히려 뒤처지는 결과를 낳을 수도 있어요. 그래서 우리가 중심을 잘 잡고 오래된 것과 새로운 것을 조화롭게 사용할 수 있는 능력을 길러야 해요.

 다시 말해, 이제는 외래어를 무조건 밀어내거나 아니면 무조건 받아들이는 극단적인 길이 아니라, 명확한 기준을 세우고 그에 맞게 외래어를 사용하는 제3의 길을 추구해야 할 때예요.

 외래어는 어차피 외국에서 온 거니까 그냥 발음되는 대로 자유롭게 표기하면 되는 걸까요? 영어가 낯설었던 시절에 쓰던 것처럼 '콤퓨타', '보일라', 이런 식으로요. 물론 아닙니다. 국립국어원에서는 외래어 표기법 규정을 아래와 같이 소개하고 있어요.

외래어 표기 5원칙

제1항   외래어는 국어의 현용 24 자모만으로 적는다.

제2항   외래어의 1 음운은 원칙적으로 1 기호로 적는다.

제3항   받침에는 'ㄱ, ㄴ, ㄹ, ㅁ, ㅂ, ㅅ, ㅇ'만을 쓴다.

제4항   파열음 표기에는 된소리를 쓰지 않는 것을 원칙으로 한다.

제5항   이미 굳어진 외래어는 관용을 존중하되, 그 범위와 용례는
          따로 정한다.

어떤 외래어들은 이미 우리말에서 중요한 위치를 차지하고 있어
요. 외래어를 꼭 써야 하는 상황은 앞으로 점점 많아질 테니, 외래어
표기법도 꼼꼼히 확인해 두어야 해요.

☞ **올바른 외래어 표기에 동그라미 하기[9]**

㉠ 파일	화일
㉡ 커피숍	커피샵
㉢ 디스킷	디스켓
㉣ 주스	쥬스
㉤ 도너츠	도넛
㉥ 리더쉽	리더십
㉦ 트로트	트롯
㉧ 런닝머신	러닝머신
㉨ 플래쉬	플래시

6장

말은 영혼을 담는 그릇

- 차별어 -

　사람의 인상을 판가름하는 것은 외모만이 아니에요. 눈에 보이진 않지만 생각을 드러내는 수단인 말도 매우 중요한 역할을 해요. 마치 영혼을 담는 그릇과도 같죠. 말을 통해 우리는 그 사람을 가늠하곤 해요. 평소 생활 습관이나 성격, 지적 수준과 가치관 등이 말에 고스란히 나타나니까요.

　그리고 우리는 말하는 대로 생각하고 행동하는 경향이 있어요. 그야말로 말은 우리가 생각하는 방식이자, 생각의 방향을 이끄는 알고리즘(어떤 문제를 해결하기 위한 절차, 방법, 명령어들의 집합)과도 같아요.

언어 감수성 점검하기

말은 한 사람을 넘어 한 사회를 담는 그릇이기도 해요. 어떤 사회에서 일반적으로 쓰이는 단어나 관용 표현 등을 통해 사회 구성원 사이에서 공유되는 상식과 사고방식을 엿보고 의식 수준을 판단할 수 있으니까요. 고도로 발달한 나라일수록 겉으로 보이는 것뿐만 아니라 보이지 않는 가치를 지키는 데도 힘을 쓰죠. 경제력과 기술력을 키우는 것도 국가의 주요 과제지만, 사회 구성원들의 '언어 감수성'을 키우는 것 또한 이에 못지않게 중요한 거예요.

언어 감수성이란 언어 표현에 대한 민감성을 뜻해요. 언어 감수성을 높이려면 익숙하게 써 오던 언어 표현을 다시 한번 돌아보고, 내가 쓰는 말이 누군가에게 불편함이나 상처를 주진 않을지 경계하며, 바람직하지 못한 표현이 있다면 고쳐 나가려고 노력해야 해요.

이 장에서는 우리가 무심코 사용하던 말 가운데 차별과 편견이 섞인 표현들을 살펴보고, 우리의 언어 감수성을 점검해 볼 거예요.

유색인종, 흑형

유색인종은 신문이나 뉴스에서 흔히 쓰이는 표현이에요. 사전에는 "황색, 동색, 흑색 따위의 유색 피부를 가진 모든 인종. 백색 인종을 제외한 모든 인종을 이르는 말"이라고 설명돼 있어요. 하지만 사전에 있는 말이라고 해서 다 써도 괜찮은 건 아니에요. '유색인종'은 피부색을 기준으로 백인 이외의 인종을 비하하는 표현이 될 수 있거든요. 반대로 백인에게 '무색인종'이라는 표현을 쓰진 않잖아요. 주로 황인으로 이루어진 우리나라에서도 '유색인종'이라는 표현이 널리 쓰인 다는 사실이 한편으로 아이러니하죠?

'흑인 형'의 줄임말인 흑형이라는 표현 역시 문제의 소지가 있어 요. 아무리 친근한 의미로 쓴다고 해도 듣는 사람이 불편함을 느낀다 면 분명 차별적 표현이죠. '황형' 같은 말은 쓰지 않잖아요? 굳이 흑인 의 피부색만을 강조하고, 피부색으로 타인을 판단하는 말은 인종차별 적 표현이기에 주의해야 해요.

여류 작가, 처녀작

성별이 여성인 작가를 뜻하는 여류 작가는 불필요한 성별 표시를 하고 있기 때문에 차별적인 표현이에요. 이와 마찬가지로 '여대생', '여의사', '남간호사' 등 성별을 꼭 구분해야 할 필요가 없는데도 직업 앞에 '여'나 '남'을 붙이는 경우가 많아요. 이를 비대칭 차별어라고 해 요. 표현 자체는 차별을 담고 있지 않지만, 다른 어휘와의 관계에서 차별적인 특성을 드러내는 말이에요.

근대 이전에는 여성이 사회 활동을 하는 일이 드물었기 때문에, 이 런 표현들이 널리 쓰이곤 했어요. 하지만 이것들은 남성형 또는 여성 형을 기본으로 해 상대 성별어를 파생시킨 단어로, 여성을 남성의 종 속적인 지위에 두는 성차별적 표현이기에 쓰지 않는 것이 좋아요.

한편 처녀작은 작가가 처음으로 지었거나 발표한 작품을 가리키 는 표현인데, 여기서 '처녀'는 여성의 성적인 순결을 강조한 사고에서 비롯된 용어로 여성 차별적인 단어예요. 이런 표현 대신 '처음', '첫' 등을 써도 의미를 전달하는 데 아무런 문제가 없으니 이렇게 고쳐서 써야 해요.

집사람, 바깥양반

집사람, 바깥양반 역시 성 역할에 대한 고정관념이 담긴 표현이에요. 남성은 바깥에서 사회생활을 하고 여성은 집 안에만 머무는 존재라는 인식에서 비롯된 말이죠. 특히 집사람이라는 단어에는 여성이 집안일에만 충실해야 한다는 남성 중심적인 시선이 담겨 있어요. 시대가 달라진 만큼 이런 표현은 더 이상 적합하지 않아요. 성별을 구분 짓지 않고 배우자라는 말로 통칭해서 부르는 것이 바람직해요.

절름발이, 깜깜이

안타깝지만 우리가 일상적으로 쓰는 말 가운데는 장애를 비하하는 표현이 많아요. 대표적으로 절름발이가 있어요. 절름발이는 한쪽 다리에 장애나 부상이 있어 걷기가 불편한 사람을 낮잡아 이르는 말이에요. '절름발이 교육', '절름발이 정책' 등 균형이나 조화를 이루지 못한 상태를 비유하는 말로도 쓰이죠. 이는 장애가 곧 불균형적이거나 조화롭지 못하므로 열등한 것이라는 편견과 오해를 굳어지게 할 수 있어요. 정확하게 '불균형 교육', '불균형 정책'으로 바꿔 쓰는 게 훨씬 좋겠죠.

깜깜이 역시 마찬가지예요. 깜깜이는 어떤 사실에 대해 전혀 모르고 하는 행위, 또는 그런 행위를 하는 사람이라는 뜻으로 쓰여 왔어요. 특히 코로나19 시국에 감염 원인이나 경로를 확인하기 어려운 경우, '깜깜이 감염', '깜깜이 환자' 같은 표현이 자주 쓰였죠. 이것이 시

각장애인을 비하하는 말이라는 지적이 이어지자, 방역 본부에서 '감염 경로 불명' 같은 대체 표현을 쓰겠다고 발표해 많은 이들의 공감을 얻었어요.

결정 장애, 선택 장애

'결정 장애', '선택 장애'는 요즘 남녀노소 할 것 없이 널리 쓰는 신조어예요. 우유부단해서 무언가를 결정하거나 선택하지 못하고 망설이는 상황을 표현하는 말이죠. 텔레비전 프로그램 등에서도 유행처럼 쓰이며 일상적인 표현이 됐지만, 이 역시 장애가 있는 사람들에게 상처를 줄 수 있는 말이에요. 장애가 있다고 해서 열등한 존재가 아니니까요.

남들이 쓰니까 따라 썼다고 해도, 그 말을 하면서 아무런 의도가 없었다고 해도, 듣는 사람에 따라 큰 상처가 될 수 있기에 경계해야 해요.

☞ 쾅! 밟으면 터지는 차별어 지뢰찾기[10]

친구와의 대화
A: 지난번 산에 갔다가 다리를 다쳐서 절름발이 신세가 됐지 뭐야. 진짜 불편하더라.
B: 그랬구나. 나는 어제 발표할 때 너무 떨려서 꿀 먹은 벙어리처럼 아무 말도 못했어. 내가 정말 바보 같더라고.

▶ 지뢰(2개) :

▶ 그 이유 :

앵커 멘트
오늘은 여성의 날 특집을 준비했습니다. 각계에서 맹활약하고 있는
여성들을 초대하는 시간을 가져 볼 건데요. 여기자, 여의사, 여류 작
가님을 모시고 여성 정책의 현실과 문제점에 대해 짚어 보도록 하겠
습니다.

▶ 지뢰(3개) :

▶ 그 이유 :

모르고 쓴 거니까 괜찮아?

많은 사람들이 알게 모르게 차별어를 쓰면서 그 심각성마저 느끼
지 못하고 있어요. 특히 청소년들 사이에서 차별어가 끝없이 확산되
는 추세예요. 재미 삼아, 혹은 다들 하니까 나도 그냥 따라 해 보고 싶
은 심리까지 더해져 부정적인 청소년 문화의 한 부분으로 자리 잡은
것 같아 안타까워요.

언어는 인격을 담고 있어서 그 사람의 또 다른 얼굴이나 마찬가지
인데, 차별어를 사용함으로써 자기 얼굴에 침을 뱉고 있는 건 아닌지
심각하게 생각해 봐야 해요. 어떤 단어가 차별어인지 아닌지 그 경계
선조차 사라져 버린 지금, 우리가 점점 더 남을 밀어내고 차별하는 문
화 속에 갇혀 버리는 것은 아닌지 걱정하지 않을 수 없어요.

'차별어를 쓰는 게 어때서? 난 모르고 썼으니 괜찮아.'라고 생각할 수 있지만, 차별어를 일상생활에서 사용하면 다양한 문화가 공존하는 사회에 어울리지 않는 차별과 혐오를 조장하는 사람으로 낙인찍힐 수도 있죠.

그렇다면 차별어를 쓰지 않으려면 어떻게 해야 할까요? 방법은 간단해요. 흔히 쓰는 차별어에 무엇이 있는지 샅샅이 찾아내고 그 단어의 의미도 파악하여 절대 쓰지 않도록 주의를 기울여야 해요.

내가 남을 차별하고 비하하면 나 자신도 얼마든지 그런 경우를 당할 수 있다는 걸 잊어서는 안 돼요. 사자성어로 역지사지! 무엇보다 항상 타인을 배려하고 타인의 입장에서 한 번쯤 생각해 보려는 자세를 가질 때 우리는 비로소 차별어의 늪에서 빠져나올 수 있을 거예요. 오늘부터 차별어 절대 안 쓰기! 실천해 보도록 해요. 일단 다음 단어들부터 걸러 볼까요?

- **장애 차별 표현:** 눈먼 돈/외눈 정치/난쟁이/절름발이/애자/정신병자
- **지역 차별 표현:** 멍청도/전라디언
- **직업 차별 표현:** 가정부/딸배
- **성별 차별 표현:** 맘충/녹색어머니회/미망인/된장녀
- **나이 차별 표현:** 중2병/급식충/잼민이/~린이/틀딱
- **국가나 민족 차별 표현:** 조선족/외노자

나를 풀고 가라

1부에서 살펴보았던 어휘에 관한 내용들을 종합적으로 복습해 보는 시간입니다. 반복보다 더 좋은 공부는 없다는 사실, 잊지 말아요! 잘 모르겠더라도 정답지를 바로 확인하지 말고 충분히 고민하는 습관을 길러 보세요.

1. 차별어들을 찾아서 밑줄을 치고, 표현을 바꿔 문장을 다시 써 보세요.[11]

㉠ 명절을 맞아 처가에 가려고 집을 나섰는데, 차가 막혀 어느 길로 가야 할지 망설이자 집사람이 나더러 결정 장애냐고 짜증을 냈다.

→

㉡ 깜깜이 감염자의 수가 증가하고 있다.

→

㉢ 그에게 내가 쓴 시를 보여 주자 소녀 감성이 뛰어나다고 칭찬했다.

→

㉣ 내가 약속 시간을 잊어버리자 친구는 벌써 치매냐고 놀렸다.

→

2. 고유어와 한자어를 구분해 보세요.[12]

> 생각 / 고뿔 / 내숭 / 별안간 / 가두리 / 골탕 / 무진장 / 깜냥

- ▶ 고유어:
- ▶ 한자어:

3. 아래 예시의 밑줄 친 단어와 동음이의어 관계인지, 다의어 관계인지 구분해 보세요.[13]

> 다 된 밥에 재 뿌리기

- ㉠ 이 식혜 내가 먹어도 되니?
- ㉡ 오늘 운동은 유난히 되다.
- ㉢ 무엇에 놀랐는지 제니 얼굴이 새파랗게 됐다.
- ㉣ 이 사회의 소금 같은 사람이 되고 싶다.
- ㉤ 엄마 밥은 고슬고슬한데 내가 한 밥은 너무 되다.

- ▶ 동음이의어:
- ▶ 다의어:

4. 외래어를 자연스러운 우리말로 바꿔 보세요.[14]

- ㉠ 테이크아웃 →
- ㉡ 페스티벌 →
- ㉢ 투고 서비스 →

② 코로나 블루 →

5. 괄호 안에 명사를 넣어 속담을 완성해 보세요.[15]

㉠ (　　　　　) 담 넘어가듯

　뜻) 일을 분명하게 처리하지 않고 슬그머니 얼버무려 버림.

㉡ (　　　　　) 앞에서 문자 쓴다

　뜻) 지식이 부족한 사람이 자기보다 유식한 사람 앞에서 아는 체함.

㉢ (　　　　　) 썩는 줄 모르고 기왓장 아끼는 격

　뜻) 장차 크게 손해 볼 것을 모르고 당장 돈이 조금 든다고 사소한 것을 아낌.

6. 올바른 외래어 표기에 동그라미를 쳐 보세요.[16]

㉠ 나르시즘 / 나르시시즘

㉡ 런닝셔츠 / 러닝셔츠

㉢ 밸런타인데이 / 발렌타인데이

② 넌센스 / 난센스

⑩ 바톤 / 바통

⑭ 스테인레스 / 스테인리스

2부

맞춤법 : 똑바르군과 함께
언어생활 바로잡기

고쳐! 바꿔! 2부에서는 뭐든지 바르게 쓰고 말하는 '똑바르군'과 하루를 함께해 보려고 해요. 똑바르군은 언제나 바른 언어생활을 고집해서 잘못된 표현을 절대 참지 못해요. 우리도 오늘 하루 똑바르군이 되어 아침, 점심, 저녁 쭉! 맞춤법의 세계에 푹 빠져 보자고요.

먼저, 똑바르군조차 가끔 헷갈리는 짝꿍 단어 구분하기로 시작해 볼 텐데요. 정말 비슷하게 생겼는데 한 획만 달리 그어도 뜻이 확 달라져 버리는 게 우리말이잖아요. 마치 '베다'랑 '배다'처럼요. 이렇게 헷갈리는 단어들은 나름의 스토리를 만들어 기억하면 좋아요. 똑바르군만의 비법을 공개할게요.

다음으로, 똑바르군에게 좌우명과도 같은 '한글 맞춤법' 총칙에 따라 올바른 표기법과 띄어쓰기를 익힐 거예요. 그러고 나서는 말의 머리와 꼬리 맞추기 게임을 할 텐데요. 바로 문장의 기본 중의 기본인 주어와 서술어를 알맞게 연결시키는 거죠. 나아가 롤러코스터처럼 짜릿하지만 그만큼 도전하기 쉽지 않은 문법의 세계로 떠날 거니까 준비 단단히 하세요.

여기서 끝이면 섭섭하죠. 우리 일상생활 속에 파고든 잘못된 말이면 말, 문장이면 문장! 했던 말 또 하고 다시 또 하는 지겨운 중복 표현들! 줄이고 줄이고 또 줄여서 형체가 남아나지 않을 것만 같은 줄임말들! 모든 세상이 네모처럼 똑바르게 될 때까지 똑바르군과 함께 교정의 기술을 배워 볼 거예요.

물론 날마다 똑바르군처럼 '각 잡고' 살 순 없겠지만, 하루쯤은 괜찮지 않을까요? 잊을 수 없는 하루가 될 거예요. 그럼 어느 날보다 멋진 맞춤법 기념일, 지금 시작합니다!

7장

비슷하게 생겼지만
전혀 달라

- 헷갈리는 짝꿍 단어 -

아이돌 그룹들의 콘셉트를 보면 저마다 독특한 세계관을 지니고 있어요. 멤버들이 시간 이동을 하기도 하고, 다른 차원에 존재하기도 하고, 여러 자아를 갖기도 해서 아이돌에 관심 없는 사람들이 보면 쉽게 이해되지 않는 경우가 있죠.

그런데 저는 가끔 우리말 맞춤법을 대할 때 비슷한 생각이 들더라고요. 뭔가 자기만의 세계와 원칙이 복잡하게 얽혀 있는 건 분명한데, 좀 알다가도 모르겠고 볼 때마다 매번 헷갈려서, 맞춤법 역시 나름대로 세계관을 지닌 건 아닐까 하는 엉뚱한 생각을 하곤 한답니다.

스토리를 만들자

분명 태어날 때부터 우리말을 듣고 말하고 읽고 써 왔는데 왜 아직도 맞춤법이 헷갈리는 걸까요? 여러분도 크게 다르지 않으리라 생각합니다. 그래서 처음에는 여러분이 자주 혼동하는 맞춤법 몇 가지부터 짚어 보려 해요.

똑바르군조차도 이 단어들이 너무 헷갈려서, 맞춤법에 세계관을 부여한다는 느낌으로 한 문장짜리 초간단 스토리를 만들어 정확히 각인했답니다.

배다 vs. 베다

개인적으로 가장 헷갈리는 맞춤법은 '배다'와 '베다'예요. 작사가로서 가사를 쓰다 보면 '향기가 배다', 혹은 '마음이 베이다' 같은 표현을 쓸 때가 있는데, 솔직히 매번 헷갈려서 그때마다 사전을 찾아보며 확인한답니다. 다시는 헷갈리지 않게 오늘 완벽하게 정리해 봐요.

우선 '배다'는 '향기나 냄새가 스며들어 오래도록 남아 있다'라는 뜻이에요. 이것을 외울 때 똑바르군은 '달콤한 배 향기'를 연상했어요. 앞으로 과일 '배'와 '배다'를 함께 떠올리면 절대 헷갈리지 않을 거예요.

달콤한 배 향기가 손끝에 배다.

다음으로 '베다'는 '날이 있는 물건으로 무엇을 끊거나 상처를 내다'라는 뜻이에요. 종이나 칼에 손을 베이면 놀라서 '어!' 소리가 절로 나죠? 여기서 'ㅓ'에 '!'를 더해 '베다'를 연상해 보세요.

부엌칼에 손끝을 <u>베</u>여서 "어!" 하고 나도 모르게 소리쳤다.

(틈틈히 vs. 틈틈이)

'틈틈히'와 '틈틈이'도 매번 헷갈리는 단골 단어죠? 여기서 '틈틈히'라는 단어는 세상에 아예 존재하지 않는 말이랍니다. 이건 의외로 쉽게 외우는 방법이 있어요. 다음 문장을 통해 확인해 볼까요?

<u>이</u> 사이사이를 틈틈<u>이</u> 치실로 닦아 충치를 예방하자.

(-든지 vs. -던지)

'-든지'와 '-던지' 역시 일상생활에서 매우 자주 쓰이는데도 만만치 않게 헷갈리는 단어 중 하나죠. 이 둘은 어떻게 구분하면 좋을까요? 우선 '-든지'는 두 개 이상의 선택지가 있을 때 그중 어떤 것이든 고를 수 있음을 나타내는 말입니다. 내 앞에 고를 게 많으면 마음이 '든든'하죠? '-든'과 '든든'을 함께 외워 두면 헷갈리지 않을 거예요.

배를 <u>든든</u>하게 채우고 싶으면 짜장면을 먹<u>든</u>지 스파게티를 먹<u>든</u>지 해라.

그다음으로 '-던지'는 주로 과거의 일을 회상하거나 지나간 일에 관해 이야기할 때 쓰입니다. 우리가 흔히 과거형으로 '-했던', '-였던' 등의 표현을 쓰듯이요.

오래전 어린 시절이 얼마나 행복했<u>던지</u> 지금까지도 꿈에 나온다.

지금까지 평소 여러분이 자주 헷갈려 하는 맞춤법 가운데 대표적인 몇 가지를 짚어 봤어요. 간단한 예문과 함께 연상을 통해 쉽게 기억하는 방법이죠. 이번에 함께 알아본 맞춤법에 대해서는 앞으로 절대 실수하는 일이 없도록 머리에 콕 입력해 둡시다.

그리고 여기서 미처 다루지 못한 맞춤법도 이렇게 여러분 나름대로 연상법을 만들어 외우기 쉽게 정리해 보세요. 한번 이 '세계관'에 익숙해지고 나면, 앞으로 글을 쓸 때 맞춤법 때문에 실수하는 일이 훨씬 줄어들 거예요.

☞ **표기법에 알맞은 단어에 동그라미 하기[17]**

㉠ 얼마나 (놀랐던지 / 놀랐든지) 지금도 가슴이 벌렁거린다.
㉡ 영화를 (보던지 / 보든지) 공부를 (하던지 / 하든지) 하나만 해라.

㉢ 새해에는 (웃어른께 / 윗어른께) 인사를 드리는 것이 예의다.
㉣ 기호의 (윗니 / 웃니)가 빠지니 너무 귀엽다.

ⓜ 전교 (회장으로서 / 회장으로써) 의무를 다해라.

ⓗ (폭력으로써 / 폭력으로서) 사회를 지배할 수 없다.

ⓢ 이번 축제는 이만하면 (잘됐다 / 잘됬다).

ⓞ 내가 대학생이 (돼면 / 되면) 어떨지 궁금하다.

ⓩ 찬민이는 이번 시험에 (반드시 / 반듯이) 통과할 것이다.

ⓒ 운동장에 줄을 (반드시 / 반듯이) 그어라.

8장

기본의 기본부터 다지자

- 표기법과 띄어쓰기 -

똑바르군은 매일 아침 눈을 뜨자마자 마법의 주문처럼 무엇인가를 중얼중얼 외우기 시작해요. 바로 '한글 맞춤법' 총칙이죠! 좋아하는 가수의 노랫말도 아니고, 필수 암기 영단어도 아닌데, 대체 왜 이러는 걸까요?

총칙

제1항   한글 맞춤법은 표준어를 소리대로 적되, 어법에 맞도록 함을 원칙으로 한다.

제2항   문장의 각 단어는 띄어 씀을 원칙으로 한다.

소리와 표기가 일치하지 않을 때

바른 언어생활의 시작은 바로 맞춤법입니다. 똑바르군이 그중에서도 '총칙'을 습관처럼 외우는 건, 한글이 어떤 원리로 만들어진 글자인지 알아야 맞춤법의 세계로 들어갈 수 있기 때문이죠.

가장 먼저 한글은 소리 나는 대로 적는 것을 원칙으로 하는 소리글자(표음문자)예요. 예를 들어 우리는 어떤 단어를 적을 때 구름, 하늘처럼 소리와 표기가 일치하는 경우 그냥 그대로 쓰죠. 이렇게 모든 단어의 소리와 표기가 일치하면 얼마나 좋을까요? 그런데 우리가 혼돈에 빠지는 시점은 바로 소리와 표기가 일치하지 않을 때예요.

꼬치 / 꼰만 / 꼳

쪼차 / 쫃꼬 / 쪼츠니

만코 / 마나서 / 만치만

이렇게 소리 나는 대로 적으니 형태가 수시로 변해서 원형이 무엇인지 정확히 알기 어려운 단어들이 많죠. 그래서 맞춤법의 세계에서는 이럴 때 '어법에 맞도록'이라는 안전장치를 추가했어요.

꽃이 / 꽃만 / 꽃

쫓아 / 쫓고 / 쫓으니

많고 / 많아서 / 많지만

이렇게 소리가 다르게 나더라도 원래의 형태를 살려서 표기함으로써 대혼란을 막고 있는 것이죠. 이런 안정장치가 없었다면 우리는 제각각 마음대로 읽고 쓰면서 아마도 언어의 소용돌이에 빠졌겠죠.

그래서 똑바르군은 맞춤법을 틀리지 않고 바른 언어생활을 하겠다는 다짐으로 아침마다 한글 총칙을 마음에 새기는 거랍니다. 여러분도 같이 주문을 외워 보세요. 처음에만 어색할 뿐이지, 금세 익숙해질걸요?

뉴스에서도 틀린 말을 쓴다고?

뉴스를 틀어 놓고 바쁘게 등교 준비를 하던 똑바르군은 그만 그대로 얼어붙었어요. 바로 뉴스 속에서 폭포처럼 쏟아지는 바르지 못한 말말말 때문이었죠. 기상 캐스터가 화면 속에서 이렇게 말하고 있었습니다.

> 시야를 가리는 미세먼지와 일교차가 너무 큰 날씨 때문에 환절기 독감 걸리기 딱 좋은 날씨입니다. 제주도 쪽으로는 산간 곳곳에 소나기가 내리는 곳도 있겠습니다만, 대부분 지역은 별다른 구름 없이 화창한 맑은 날씨가 계속되겠습니다.

똑바르군은 너무 이상했어요. 왜 조사를 생략해 버리거나 잘못 쓰는 것인가? 정확한 정보를 전달해야 하는데 왜 모호한 단어를 쓰는가? 똑바르군은 학교에 가려다 말고 자신의 '교정 수첩'을 꺼내서 잘못된 표현을 바로 잡아 봅니다.

똑바르군의 교정 수첩

- 일교차가 너무 큰 날씨 → 큰 일교차
- 독감 걸리기 딱 좋은 → 감기에 걸리기 쉬운
- 제주도 쪽으로는 → 제주도 쪽에는
- 별다른 구름 없이 → 구름 없이

집을 나와 버스를 탄 똑바르군. 이번에는 교통 상황에 관한 라디오 뉴스가 나오기 시작했고, 똑바르군은 또다시 너무 놀랐어요.

오늘 15일을 지나면서 중앙차로 집중 단속 시작하니 알아 두시고, 주의하셔야 할 것 같습니다. 오전 7시 현재 강변북로 동작대교 방향으로 차들이 가다 서다를 반복하며 느린 흐름을 보이고 있습니다.

교통방송 뉴스에서도 역시 조사를 생략하거나 잘못 사용하고 있었어요. 거기에다 지나친 피동 표현까지! 똑바르군은 다시 교정 수첩을 꺼내 들었어요.

똑바르군의 교정 수첩

- 15일을 지나면서 → 15일이 지나면
- 집중 단속 → 집중 단속을
- 주의하셔야 할 것 같습니다. → 주의하셔야 합니다.

- 느린 흐름을 보이고 있습니다. → 정체되고 있습니다.

우리는 의식하지 못하는 사이에 날씨와 교통 정보 등의 뉴스를 반복적으로 듣기 때문에, 잘못된 우리말 표현을 그대로 학습할 수 있어요. 그러니 평소에 방송을 보거나 들을 때 틀린 표현은 혹시 없는지 스스로 바로잡아 보는 습관을 들여야 해요.

띄어쓰기의 늪을 훌쩍 뛰어넘기

이 정도면 맞춤법의 세계를 정복한 것일까요? 절대 아니죠. 요즘 청소년들이 제일 심각하게 지키지 않는 그것! 생각만 해도 너무 어려워 두통을 느낀다는 그것! 바로 띄어쓰기예요.

문자를 보내거나 SNS 소통을 할 때 띄어쓰기를 하지 않는 경우가 정말 많아요. 그러니 갑자기 띄어쓰기를 해 보라고 하면 막막하고 어디서부터 시작해야 할지 캄캄하죠. 붙여쓰기 중독에 빠져 버린 우리, 이대로 띄어쓰기는 포기해야 할까요? 똑바르군에게 띄어쓰기를 잘하는 절대 비법이 있다고 하는데 한번 배워 보자고요.

단어는 무조건 띄어 써라. 단, 조사는 띄어 쓰지 않는다.

아니, 단어가 뭔지 모르는데 어떻게 띄어 쓰나고요? 단어는 바로 우리가 국어 문법에서 처음 배우게 되는 품사 자체예요. 품사란 비슷한 성질의 단어끼리 묶은 단어의 갈래를 가리켜요. 이 품사를 의미에 따라 나누면 9품사가 나오죠.

명사	사람이나 사물 등의 이름을 가리키는 단어
대명사	사람, 사물, 장소 등의 이름을 대신하여 그것을 가리키는 단어
수사	사물의 수량이나 순서를 가리키는 단어
관형사	체언, 주로 명사를 앞에서 꾸며 주는 단어
부사	용언이나 문장을 수식하는 것을 본래의 기능으로 하는 단어
조사	주로 체언 뒤에 붙어 다른 말과의 문법적인 관계를 나타내 주는 단어
감탄사	말하는 이의 느낌을 표현하거나, 부름이나 대답을 나타내는 단어
동사	대상의 움직임을 나타내는 단어
형용사	대상의 상태나 성질을 나타내는 단어

그렇다면 문장 내에서 단어가 담당하는 역할(기능)로 나누면 어떻게 달라질까요?

체언	명사 / 대명사 / 수사. 주로 문장의 주어가 되는 자리에 오며, 조사와 결합하여 목적어, 보어, 관형어, 부사어, 서술어 등의 자리에도 옴.
관계언	조사. 체언 뒤에 붙어 다양한 문법적 관계를 나타내거나 의미를 추가함.
수식언	관형사 / 부사. 문장에서 다른 말을 꾸며 줌.
독립언	감탄사. 다른 성분들에 비하여 독립성을 지니면서 부름, 대답, 느낌, 놀람 등을 나타냄.
용언	동사 / 형용사. 문장의 주어를 서술함.

그렇다면 다음 문장은 어떤 품사와 성분으로 이루어졌을까요?

예시) 하늘이 매우 푸르다.

하늘=명사 / 이=**조사** / 매우=**부사** / 푸르다=**형용사**

하늘=체언 / 이=**관계언** / 매우=**수식언** / 푸르다=**용언**

이렇게 문장을 뜯어보니 띄어쓰기 원칙이 보이네요. 관계언, 즉 조사만 앞말에 붙여 쓰고 다른 모든 품사를 띄어 쓰면 되는 거죠. 똑바르군처럼 이 원리를 적용하면 여러분도 마치 늪처럼 느껴지는 띄어쓰기의 함정에서 빠져나올 수 있을 거예요.

☞ **띄어쓰기해야 할 곳에 ∨ 표시하기**[18]

㉠ 금서돈을가지고무엇을할수있을까?

㉡ 수영이는회장겸총무이다.

㉢ 그때그곳에서우리가얼마나행복했는지.

㉣ 더큰이웃장이더쓸모가있다.

㉤ 구만팔천삼백원입니다.

㉥ 친구들이오는대로바로출발하자.

9장

머리와 꼬리를 맞춰라!

- 주술 호응 -

우리가 하루에 일상적으로 쓰는 문장을 세어 본다면 어느 정도 될까요? 아마도 수백, 수천 개가 될지도 몰라요. 그런데 정작 우리는 문장이 무엇으로 구성되어 있고 어떻게 써야 바르게 쓰는 것인지 전혀 관심을 갖지 않거나, 잘못된 상식을 갖고 있는 경우가 많죠. 문해력을 키우고 싶다면 당연히 이러한 문장에 관한 기본 지식을 알아 두어야 해요.

문장이란, 생각이나 감정을 완결된 내용으로 표현하는 최소의 언어 형식이에요. 문장은 여러 성분으로 구성되어 있는데 기본 골격은 주어와 서술어죠.

문장은 어떻게 구성될까

주어는 '무엇이', '누가'처럼 문장의 주체가 되는 말이에요. 서술어는 이 주체의 행동이나 모습을 설명하는 꼬리와 같고요. 일단 머리와 꼬리만 잘 맞춰도 문장을 제대로 이해하고 정확하게 쓰기 위한 기본 준비가 된 거예요.

버스에서 내려 학교로 바삐 걸어가면서 똑바르군이 머릿속으로 늘 하는 게임이 바로 문장의 머리에 꼬리를 맞추는 거예요. 똑바른 언어생활을 고집하는 똑바르군이 제일 좋아하는 놀이이면서 문해력을 키우는 데 특효죠. 함께해 볼까요?

> 그것은 맛이 별로 – 없다.
> 그의 머리는 마치 밤송이처럼 – 뾰족뾰족하다.
> 내일은 아마 눈이 – 내릴 것이다.
> 모름지기 사람은 – 정직해야 한다.
> 그는 – 소방관이다.

꼬리, 즉 서술어는 ① 어찌하다 ② 어떠하다 ③ 무엇이다, 이렇게 세 종류로 나눌 수 있어요. 예를 들어 '바닷물이 찰랑거린다'라는 문장에서 '찰랑거리다'는 ①에 속해요. '산호가 울긋불긋하다'에서 '울긋불긋하다'는 어떨까요? 어떤 모습을 표현하고 있으니 ②겠죠. 마지막으로 '나는 초등학교 6학년이다', '나는 중학생이다', 이때 '~이다'는 ③이 되고요.

그럼 이렇게 주어와 서술어만 잘 맞으면 문장이 완성되는 걸까요? 다음 문장들을 한번 살펴보자고요.

나는 먹었다
너는 아니다.
나는 했다.
그는 되었다.

위의 문장들은 분명 주어와 서술어가 다 있지만, 뭔가 불완전하고 허술하여 완벽한 문장이 되지 못해요. 이때 필요한 것이 바로 행위의 대상, 즉 '무엇을', '누구를' 등으로 표현되는 목적어나, '무엇이', '누구가' 등으로 표현되는 보어예요. 그러니까 문장의 기본은 주어와 서술어이지만, 서술어가 어떤 종류이냐에 따라서 목적어나 보어가 필요할 수도 있는 거죠.

혼돈의 문장들

이렇게 문장의 주요 성분을 제대로 알아야 우리가 바른 문장을 쓸 수 있어요. 첫 번째로 주어와 서술어가 맞는지 확인하고 두 번째로 혹시 목적어나 보어가 필요한지, 그것을 적절하게 썼는지 등을 파악하며 잘못된 문장을 바로잡는 연습을 하면, 문해력이 높아지고 직접 문장을 쓰는 능력도 향상될 수 있어요.

자, 그럼 문장 중에서도 유난히 우리를 힘들게 하고 혼돈에 빠트리는 골치 아픈 문장들을 지금부터 보여 줄 거예요. 무엇이 이상한지 찾으면서 깊이 있는 문장 공부를 해 볼게요.

큰 기둥부터 바로 세우기

모든 글은 문장을 기본 단위로 이루어지고, 문장에서 기둥이 되는 건 주어와 서술어예요. 흔히 문장을 길게 쓰다 보면 주어가 모호해지거나 심지어 빠지기도 하고, 주어와 서술어의 관계가 불분명해지기도 해요. 그러면 결과적으로 내용 전달이 정확히 되지 않을 수 있어요. 그럼 실제로 잘못된 문장에서 주어나 서술어를 고쳐서 바른 문장으로 만들어 볼까요?

☞ '주술'이 자연스러운 문장으로 고치기[19]

㉠ 수빈이는 노래와 춤을 잘 춘다.

→

㉡ 인간의 역사는 자연을 지배하고 지배받기도 하면서 흘러왔다.

→

㉢ 저의 단점은 끝까지 버티는 힘이 약합니다.

→

㉣ 매점에서 불량 식품을 팔지 않는 방침을 검토 중이다.

→

우리말은 문장의 필수 성분이라도 생략할 수 있는 게 특징이에요. 그렇다 하더라도 생략에는 일정한 조건이 필요해요. 어떤 성분이 빠져도 그 문장의 의미를 이해하는 데 문제가 없고, 누구나 어떤 성분이 빠졌는지 짐작할 수 있어야 해요.

우리가 평소에 말을 할 때는 보통 여러 맥락이 이미 전제되어 있기 때문에 문장 성분을 생략해도 의미 전달에 큰 문제가 없지만, 불특정 다수가 보는 글을 쓴다면 특히 신중해야 해요.

☞ **집 나간 단어 데려와 문장 복구하기**[20]

㉠ 미뤄진 고속도로 공사가 언제 재개되고 언제 개통될지 미지수다.

→

㉡ 소설은 다채로운 인생의 경험을 보여 주는 문학의 장르로서 소설을 즐길 본능을 지니고 있다.

→

㉢ 하율이는 동생보다 키와 몸무게가 더 많이 나간다.

→

㉣ 내 캠핑 차에는 더 이상 물건과 사람을 태울 수 없다.

→

10장

어디까지 갈 셈?

- 줄임말과 신조어 -

　요즘 똑바르군은 학교에 들어서자마자 여기저기서 들려오는 줄임말과 신조어 때문에 스트레스를 받고 있어요. 마치 외계어처럼 도대체 무슨 소리인지 이해할 수가 없죠.

　한글 바르게 쓰기를 인생의 원칙으로 삼는 똑바르군에게는, 몇몇 사람의 탓이라고도 할 수 없는 이런 상황이 안타까울 뿐이에요. 어떻게 해서든 한글을 바르게 쓸 수 있도록 만들고 싶다는 생각이 똑바르군의 머릿속을 떠나지 않아요. 똑바르군은 누구도 가지 않은, 어쩌면 불가능에 가까운 길을 가려고 하는 것 같네요.

줄여도 줄여도 끝이 없는 줄임말들

똑바르군은 이제부터 무분별한 줄임말의 문제점을 알리는 일을 시작하려고 해요. 그래서 먼저, 이제는 워낙 많이들 써서 마치 표준어처럼 느껴지는 줄임말들을 모아 보기로 했어요.

- **넘사벽:** 넘을 수 없는 사차원의 벽. 못난 사람이 잘난 사람을 따라잡을 수 없다는 뜻.
- **흠좀무:** 흠, 이게 사실이라면 좀 무섭겠군.
- **안습:** 안구에 습기가 차다. 눈물 나게 슬프다는 뜻.
- **지못미:** 지켜 주지 못해 미안해.
- **완소:** 완전 소중한.
- **냉무:** 내용 없음.
- **무개념:** 개념이 없다. 상식에 반하는 사람을 욕할 때 씀.
- **OTL:** 사람이 무릎 꿇고 고개를 숙인 채 좌절하고 있는 모습.
- **강퇴:** 강제 퇴장, 강제 퇴출.
- **방제:** 톡방이나 채팅방의 제목.
- **차도남 / 차도녀:** 차가운 도시 남자 / 차가운 도시 여자.
- **생파:** 생일 파티.
- **생선:** 생일 선물.
- **갑분싸:** 갑자기 분위기가 싸해진.
- **갈비:** 갈수록 비호감.
- **만찢남:** 만화를 찢고 나온 남자. 비현실적으로 멋지다는 뜻.

물론 줄임말을 친구들 사이에서 함께 쓰면 친근감도 느껴지고 유대감도 생기는 것 같겠지만, 만약 이 말을 못 알아듣는 사람들이 들으면 어떤 생각이 들까요? 역지사지, 즉 입장 바꿔 생각해 보면 줄임말을 모르는 사람은 뜻을 몰라 답답하거나 따돌려지는 것 같아 마음이 상할 수도 있어요.

그렇다고 현실적으로 줄임말을 전혀 쓰지 않기는 어려워요. 때와 장소에 맞게 적당히 사용하되, 공식적인 자리나 줄임말을 모르는 사람들과 함께 있는 자리에서는 쓰지 않는 게 좋겠죠.

언어는 습관이라서 평소 줄임말을 너무 많이 사용하면 본인도 모르는 사이에 입에 붙을 수도 있어요. 그러니 아예 버릇이 되지 않도록 신경 써야 해요.

☞ **넌 좀 심했다, 다시 늘려 줄게[21]**

㉠ 오저치고→

㉡ 알잘딱깔센→

㉢ 머선129→

㉣ 완내스→

㉤ 700→

㉥ 억텐→

㉦ 스불재→

㉧ 당모치→

㉨ 애빼시→

신조어가 사전에 등록되어도 괜찮을까?

　이제는 익숙해져 버린 줄임말을 비롯해 매일 쏟아지는 신조어를 어디까지 우리말로 받아들여야 할까요? 우리는 어쩌면 중요한 결정을 해야 하는 시대에 살고 있는지도 몰라요. 언어는 사람들 사이의 약속으로 만들어지고, 또 약속으로만 바꿀 수 있기 때문에 신조어를 받아들일지 말지도 우리가 선택해야 하는 거예요. 신조어를 어떻게 받아들여야 할지에 대해서는 아직도 명확한 기준이 없으니 당연히 혼란스러울 수밖에 없죠.

　신조어도 시대 흐름의 일부이고, 우리가 세상이 변하는 것을 막을 수 없기 때문에 지혜를 모아 우리만의 새로운 말 규칙을 세워야 해요. 신조어 중에서 어떤 말은 남기고, 어떤 말은 버려야 할지 스스로 분류해 보는 것도 좋겠죠.

☞ 사전에 넣을까, 말까?

	넣는다(○) 안 넣는다(×)	이유
넘사벽		

흠좀무		
안습		
지못미		
완소		
냉무		
무개념		
흠좀무		

11장

다들 쓰는 걸 어떡해?

- 흔히 쓰는 잘못된 표현 -

똑바르군은 국어 수업이 끝나고 쉬는 시간에 두 친구가 실랑이하고 있는 것을 보게 됐어요.

A: 너는 말을 참 잘해~ 그런데 한 말 또 하고 또 하고 너무 지겨워.

B: 내가 뭐가 문젠데! 자세히 말해 주려고 그런 거잖아.

A: 아니, 그런데 네가 하고 싶은 말이 도대체 뭔지 모르겠거든.

B: 이렇게 친절하게 길게 말해 주는데 넌 왜 못 알아듣는 거야. 정말
   서운해!

말에도 지름길이 있다

우리가 일상생활에서 대화하다 보면 친구들이 하는 말이 너무 길어서 결국 무슨 이야기인지 이해가 안 되는 경우가 많아요. 반대로 내가 한 말을 친구들이 이해 못 하는 경우도 많을 거예요. 왜 이런 일이 벌어지는 걸까요?

그런데 이런 대화를 글로 기록해서 살펴본다면 왜 그런지 이유를 한 번에 알 수 있어요. 대부분 한 문장 안에 중복된 표현이 너무 많고, 문장과 문장이 얽혀서 계속 길어지다 보니 주어와 서술어의 관계를 파악하기가 어렵다는 공통점이 있거든요.

그렇다면 우리가 일상생활에서 흔히 쓰고 있는 중복 표현들을 한 번 살펴볼까요?

☞ **중복 표현에 밑줄 긋기**[22]

㉠ 방학 기간 동안 좋은 시간을 보내서 너무 행복했다.

㉡ 돌이켜 회고해 보아도 나는 모든 것을 꿋꿋이 이겨 내고 이 자리에 있다.

㉢ 참고 인내하다 보면 언젠가는 쨍하고 좋은 날이 올 것이다.

㉣ 만약의 사태에 대비하여 미리 준비해 두는 유비무환의 자세는 늘 옳다.

했던 말 또 하는 게 어떠냐, 뜻만 통하면 되는 거 아니냐고요? 하지만 이렇게 중복 표현이 계속되다 보면 문장의 뜻이 모호해져서 정확하게 무슨 말을 하는지 모르게 돼요. 마치 지나치게 자세한 내비게이션이 오히려 길을 잃게 하는 것과 같죠. 언어의 지름길로 가고 싶다면 지금부터 내가 일상적으로 했던 말을 하고 또 하는 건 아닌지 한번 뒤돌아보세요.

밥 먹을 때도 교정을?

점심시간에 급식실에 간 똑바르군은 너무도 깜짝 놀랐어요. 메뉴판에도 바로잡아야 할 것들이 너무 많은 거예요.

〈오늘의 점심〉
쭈꾸미 감자국 돼지껍데기 깍뚜기

여러분, 뭐가 잘못됐는지 찾을 수 있나요? 그냥 스쳐 지나가는 거라 별로 신경 쓴 적도 없고 막상 뭐가 틀린지 물어보면 선뜻 대답하기 어렵죠. 그렇지만 문해력은 똑바르군처럼 일상생활 속에서 자연스럽게 공부하는 게 최고예요. 그래야 흥미를 잃지 않고 계속 공부할 수 있거든요.

결국 똑바르군은 식판을 받아 와서 한 숟갈을 뜨기도 전에 교정수첩부터 꺼내 들었는데요. 여러분이 알고 있는 것과 비교해 볼까요?

똑바르군의 교정 수첩

- **쭈꾸미** → 주꾸미
- **감자국** → 감잣국
- **돼지껍데기** → 돼지 껍질
- **깍뚜기** → 깍두기

편하게 발음하는 대로, 아니면 익숙한 느낌으로 쓰다 보니 이렇게 틀리는 경우가 많은데요.

먼저 '감자'와 '국'처럼 순우리말로 이루어진 합성어의 경우, 앞말의 끝소리가 울림소리(모든 모음, 자음 중에서는 ㄴ, ㄹ, ㅁ, ㅇ)이고, 뒷말이 '꾹'처럼 된소리로 발음되면 사이시옷을 넣어 주는 것이 규칙이에요.

'깍뚜기'는 메뉴판에서 가장 많이 틀리는 이름 중 하나인데요. 한글 맞춤법 3장 1절 5항에 따르면, '깍두기'가 맞는 표기입니다.

한 단어 안에서 ㄱ,ㅂ 받침 뒤에 나는 된소리는 같은 음절이나 비슷한 음절이 겹쳐 나는 경우가 아니면 된소리로 적지 아니한다.

이제 여러분도 식당에 가서 메뉴를 볼 때 눈 크게 뜨고 혹시 잘못된 맞춤법이 있나 없나 잘 살펴보도록 해요. 바로잡는 재미가 쏠쏠하답니다.

세상은 넓고 잘못된 표현은 많다

오늘도 보람찬 학교생활을 마치고 똑바르군은 집으로 출발합니다. 이렇게 하루하루 바른 언어생활만을 고집하는 똑바르군에게는 남모를 고민이 있어요. 우리가 일상에서 잘못된 언어생활을 하고 있는데, 그것의 심각성을 아무도 신경 쓰지 않는 것 같다는 점이죠. 그래서 요즘 똑바르군은 어른이 되면 국립국어원에 취직해, 일상생활에서 잘못 쓰고 있는 단어들을 모조리 고쳐 주겠다는 야무진 다짐을 하고 있어요. 세상은 넓고 잘못된 표현은 많다!

그 많은 잘못된 말들을 다 고친다는 것이 무모한 도전일 수 있겠지만, 똑바르군과 우리가 함께 차근차근 고쳐 나가다 보면 우리의 삐뚤어진 언어 세상도 똑바른 네모가 될 수 있을 거예요. 그럼 똑바르군과 함께 네모의 꿈속으로 들어가 볼까요?

☞ 똑바르군과 함께 일상 언어생활 교정[23]

㉠ 비말이 튀지 않도록 마스크를 써라.

→

㉡ 마스크가 최고의 백신이다.

→

ⓒ (에스컬레이터에서) 내밀어도 되는 건 마음뿐입니다.

→

ⓔ 선생님, 행복하세요!

→

ⓜ 할아버지께 진지 잡수시러 오시라고 말씀드려라.

→

ⓗ 지금 빈 좌석이 없으세요.

→

ⓢ 제가 책임지고 똑바로 시정하겠습니다.

→

ⓞ 피로 회복에 좋은 영양제를 소개시켜 드릴게요.

→

ⓩ 진료비 수납하시고 처방전 받아 가세요.

→

2부에서 살펴보았던 맞춤법에 관한 내용들을 종합적으로 복습해 보는 시간입니다. 반복보다 더 좋은 공부는 없다는 사실, 잊지 말아요! 잘 모르겠더라도 정답지를 바로 확인하지 말고 충분히 고민하는 습관을 길러 보세요.

1. 수식언(꾸며 주는 말) 위치나 표현을 바꿔서 자연스러운 문장으로 고쳐 보세요.[24]

㉠ 용감한 그의 할아버지는 제일 먼저 앞장서서 나아갔다.

→

㉡ 한결같이 타인을 위해 봉사하는 사람들이 많다.

→

㉢ 지우는 웃으면서 찾아오는 친구를 반갑게 맞았다.

→

㉣ 깔끔한 나와 지안이가 교실 청소를 했다.

→

ⓜ 학생들이 다 오지 않았다.

→

2. 중복 단어를 제외해 간명한 문장을 만들어 보세요.[25]

㉠ 찬우의 장점은 낙관적이고 배려를 잘하는 것이 장점이다.

→

㉡ 실내 공기를 자주 환기해야 한다.

→

㉢ 찬희는 자신의 수상을 스스로 자축했다.

→

㉣ 나는 잘못된 기존의 습관을 고치지 못하고 있다.

→

3. 흔히 쓰는 잘못된 표기를 바로잡아 올바른 문장을 만들어 보세요.[26]

㉠ 내가 풀지 못하는 수학 문제를 가리켜 주셨다.

→

㉡ 그와 나의 생각은 완전히 틀리다.

→

ⓒ 희수야, 내가 새로운 친구를 소개시켜 줄게.

→

ⓔ 봐~ 종이비행기가 잘 날라가잖아.

→

ⓜ 너에게 알맞는 직업을 추천해 줘도 될까?

→

ⓗ 푸른 하늘을 마음껏 날으는 한 마리 새가 되고 싶다.

→

3부

독해: 다양한 글맛을 느끼는 글 미식가 되기

문해력의 꽃은 역시 독해! 앞선 과정을 통해 어휘와 맞춤법을 갈고닦아 문해력이 향상되었다면, 이제 본격적으로 독해의 세계 속으로 풍덩 빠져 볼 건데요.

독해는 무엇이든 읽고 해석할 수 있는 능력을 말해요. 이 능력만 있다면 어떤 분야든 어떤 읽을거리든 두렵지 않으니, 문해력 '슈퍼 파워'를 갖게 되는 셈이죠. 누구나 갖고 싶어 할 만한 대단한 능력이지만, 결코 얻기 쉽지 않아요.

세상은 넓고 우리가 독해할 영역은 너무도 많으니, 다재다능한 독해 능력을 갖기 위해선 많은 노력과 어떤 장벽에도 꺾이지 않는 강한 인내심이 필요하죠. 영영 오르지 못할 것만 같은 독해라는 큰 산을 오른다고 생각하면 돼요. 힘든 만큼 하나하나 터득해 가는 재미와 보람이 있을 거예요.

그래서 3부에서는 각양각색의 맛과 멋이 있는 독해의 세계로 '먹방' 여행을 떠나려고 해요. 알고 보면 독해 세계의 최고 맛집인 교과서들 속에서 찾아보는 깔끔하고 정갈한 맛, 현대 소설과 고전소설에서 느끼는 인생의 참맛, 현대 시와 고전 시가에서 음미하는 짧지만 여운이 남는 강렬한 맛까지!

이런 다양한 맛들을 제대로 알고 글을 즐기는 것과, 그냥 읽는 것 사이에는 어마어마한 차이가 있어요. 같은 글이라고 해도 어떻게 맛보느냐에 따라 전혀 다른 글이 될 수 있고요.

그럼 지금부터 포만감 가득한 독해 먹방, 출발합니다~

12장

매일 먹어도
안 질리는 밥맛

- 국어 교과서 -

여러분은 새 교과서를 받을 때면 어떤 기분이 드나요? '이 많은 내용을 또 머릿속에 꾸역꾸역 집어넣어야 하는구나' 싶은 부담감은 아닌가요?

그런데 생각을 조금 달리해 보면 교과서야말로 여러분에게 가장 친근한 책이에요. 학교에서 매일같이 마주하는 데다, 내용을 이해하고 넘어가려면 여러 번 반복해 읽어야 하니까요.

교과서를 여러 차례 거듭해서 읽으면 내신을 좌우하는 학교 시험을 잘 보는 데 도움이 되기도 하지만, 무엇보다 문해력을 향상시키는 데에도 좋은 점이 많답니다.

교과서만으로 문해력 테스트를 할 수 있다?

문해력을 공부해 나가다 보면 내가 어느 정도 수준인지 궁금할 때가 있죠. 우선 국어 교과서의 고난도 단원이나 한두 학년 위의 교과서를 준비해 주세요. 수준이 좀 높아야 자신의 위치가 어느 정도인지 확인할 수 있으니까요. 이제 교과서를 통해 문해력을 테스트하는 3단계 방법, 시작합니다.

1단계: 모르는 단어를 표시해 보세요.

문해력을 공부하기 전보다 모르는 단어가 현저히 줄었다면 어휘력은 전보다 향상된 거예요. 여전히 모르는 단어가 많다면 다시 단어를 찾으면서 그 단계부터 공부하면 돼요.

2단계: 문단의 중심 문장을 찾아보세요.

문단에서 중심 문장을 찾아 밑줄을 친 다음 그 내용들을 다시 자신의 말로 요약해 보세요. 그리고 참고서에서 요약해 놓은 중심 내용과 일치하는지 아닌지 확인해 주세요. 중심 문장이 거의 일치한다면 한 단계 높은 교과서로 올라가고, 일치하는 부분이 많지 않다면 그 교과서에서 쉬운 부분부터 중심 문장을 찾아보세요.

3단계: 단원의 주제 문장을 써 보세요.

중심 문장까지 찾았다면 단원 전체의 핵심어와 핵심 문장을 이용해 주제 문장을 직접 써 보세요. 그리고 참고서에서 제시한 주제와 비교해 보세요. 전체 주제와 일치한다면 한 단계 올라가고, 주제문을 쓰지 못했다면 그 교과서에서 주제문 쓰는 연습을 하세요.

이렇게 차근차근 단계를 밟아 공부하면 문해력만 길러지는 게 아니라 학습 능력도 향상되어 학교 시험, 나아가 수능 시험에서도 많은 도움을 받을 수 있답니다.

열심히 하는 사람은 즐기면서 하는 사람을 이길 수 없다는 말이 있어요. 문해력 공부를 즐겁게 할 수 있다면 여러분이 무엇을 상상하든 그 이상을 얻을 수 있을 거예요.

교과서 속 어휘 파헤치기

교과서는 학년별로 꼭 알아 둬야 하는 필수 어휘를 중심으로 집필되어 있어요. 그래서 학생들이 교과서를 통해 자신의 수준에 맞는 단어를 습득할 수 있죠. 여기에서는 중학교 국어 교과서에 자주 나오고 평소에도 많이 쓰지만 늘 헷갈리는 단어를 예시로 살펴볼게요.

호평과 혹평

이 둘은 생긴 게 비슷해서 은근히 헷갈릴 때가 많은데, 뜻은 서로 정반대랍니다. 국어 과목에서는 주로 문학작품을 비평할 때 많이 쓰이죠. 자세한 의미를 살펴보기 전에 두 친구의 다음 대화를 먼저 읽어 볼까요?

A: 야! 왜 종이만 뚫어지게 쳐다보고 있어?

B: 내가 지금 느낌이 확 와서 시를 좀 쓰고 있었는데 어떤지 한번 봐 줄래?

A: 알겠어, 줘 봐. 제목 '자유'. 근데 왜 제목만 있고 내용은 하나도 없어?

B: 내용이 없는 게 내용이야.

A: 뭔 소리야?

B: 자유에 대해 자유롭게 생각하라고. 내 글에 갇히지 말고.

A: 하하하, 친구야. 그냥 시 쓰지 마.

B: 원래 천재는 시대를 앞서가는 법…. 살아생전에는 <u>혹평</u>을 받다가 후대에 재평가돼 <u>호평</u>받는 경우가 있지. 천재는 불행하다는 말이 이래서 나오는 건가?

A: ….

　두 단어의 정확한 사전적 의미를 살펴볼까요? 먼저 호평은 '좋다 호(好), 평하다 평(評)'으로, '좋게 평함. 또는 그런 평판이나 평가.'를 뜻해요. 반면에 혹평은 '심하다 혹(酷), 평하다 평(評)'으로, '가혹하게 비평함'을 뜻하죠. 참고로 혹평과 비슷한 말로는 악평(惡評), 폭평(暴評) 등이 있어요. 각각 '나쁘게 평함', '심하고 거칠게 비평함'이라는 뜻으로 모두 부정적인 의미를 지니죠.

　이렇게 한자를 잘 아는 건 아니더라도 앞선 대화를 읽으며 문맥상 호평과 혹평이 어떤 의미인지 대략 짐작이 갔죠? 이는 국어나 외국어 시험 문제를 풀 때 매우 중요한 능력인데요. 지문을 읽다가 중간에 잘 모르는 단어가 나오더라도 당황하지 않고 문장의 흐름이나 앞뒤 관계를 통해 해당 단어의 뜻을 유추해 낼 수 있는 거죠.

골치 아픈 문법, 꼭 알아야 할까?

그런데 현실적으로 여러분이 가장 어려워하고 시험 점수도 얻기 어려운 부분은 바로 국어 문법이에요. 문법은 그저 법칙을 외우는 것일 뿐인데 문해력과 무슨 관계가 있냐고요?

실은 문법이야말로 문해력을 가장 필요로 하고, 문해력에 큰 도움이 되는 영역이에요. 일단 문법에 등장하는 단어들은 일상적으로 쓰는 어휘가 아니에요. 그래서 문법 공부를 시작할 때부터 거부감이 들고, 설명을 들어도 전혀 이해가 안 되는 경우가 많아요.

그런데 만약 문해력이 좋아서 문법에 등장하는 단어의 뜻을 알고 있다면 얼마나 유리할까요? 벌써 문법 공부가 절반 넘게 된 것이나 마찬가지죠.

그래서 문법을 공부하기 전에 먼저 모르는 단어를 찾고 친해지는 과정이 있어야, 문법의 기본 내용을 알 수 있고 나아가 고난도 문법 문제도 풀 수 있어요. 문법이 너무 어려워서 어디부터 공부해야 할지 모르겠다면 지금 바로 국어사전을 펴서 모르는 단어를 찾으세요. 이런 과정을 반복하면 문법의 달인이 될 수 있을 겁니다.

- **음운**: 말의 뜻을 구별해 주는 최소 소리 단위 (≒자음, 모음)
- **음절**: 소리 나는 단위 (음절의 수는 글자의 수라고 생각하면 쉬움)

- **단어:** 홀로 쓰일 수 있는 가장 작은 단위 (=낱말)
- **어근:** 단어를 분석할 때, 실질적 의미를 나타내는 부분
- **접사:** 어근에 붙어 뜻을 더하거나 문법적 기능을 하는 부분
- **합성어:** 어근+어근
- **파생어:** 어근+접사
- **용언의 활용:** 용언의 모습이 바뀌는 현상
- **어간:** 용언이 활용될 때 모습이 바뀌지 않는 줄기 부분
- **어미:** 용언이 활용될 때 모습이 바뀌는 꼬리 부분

☞ **이건 대체 무슨 말?²⁷**

㉠ 통사적 합성어:

㉡ 비통사적 합성어:

㉢ 형태소:

㉣ 자음군 단순화:

㉤ 구개음화:

13장
세상살이의
쌉쌀한 맛

- 사회 교과서 -

독해력이라고 하면 국어 교과서만 떠올리기 쉽지만, 그 외 교과서들을 공부할 때도 독해는 필수예요. 특히 사회 과목의 경우, 세상에 대한 배경지식이 부족한 상태에서 생소한 단어도 많이 나오니, 수업 내용을 이해하기 어렵고 재미를 못 느끼겠다는 학생들이 많아요.

평소에 소설책을 읽듯 틈틈이 사회 교과서를 읽으며, 뜻을 정확히 모르는 단어가 나오면 여러분 나름의 방식으로 정리해 두세요. 영양소를 골고루 갖춘 식사를 하듯 교과서 속 주요 단어를 소화해 두는 거죠.

교과서 속 어휘 파헤치기

사회 교과서 속 개념어들의 대부분이 한자어로 이뤄져 있어요. 해당 단어에 어떤 한자가 쓰였는지 파악해 두면 나중에 다른 단어의 의미를 유추하는 데 도움이 될 거예요.

(분포와 편재)

기후나 인구 밀도, 자원에 관한 내용을 다룰 때 자주 등장하는 단어인데요. 아래의 대화문을 통해 두 단어의 뜻을 함께 유추해 봐요.

> **A:** 악! 완전 망했어.
>
> **B:** 왜 그래, 무슨 일이야!
>
> **A:** '자원의 분포도' 수행평가 조 나뉜 거 봤어?
>
> **B:** 아니? 아직 못 봤는데. 뭐가 문제야?
>
> **A:** (조 편성표를 보여 주며) 쌤도 너무하시지. 열심히 하는 애들, 뺀질대는 애들을 골고루 나눠 주셔야 하는 거 아니야? 우리 조에는 다 나한테 물어갈 애들뿐이야.
>
> **B:** 캬! 조 편성부터 자원의 분포도 그 자체다. 다이아몬드같이 빛나는 애들은 우리 조에 다 몰려 있네. 인적자원도 천연자원처럼 편재가 심하군.
>
> **A:** 골고루 분포돼 있어야 다 같이 잘되는 거 아니냐? 흑, 이번 수행평가는 이미 말아먹은 것 같다.

여러분도 학교에서 조별 과제를 할 때 비슷한 경험을 해 본 적이 있을 것 같은데요. 앞선 대화의 맥락을 통해, 분포와 편재의 뜻을 어느 정도 파악할 수 있었죠?

좀 더 정확히 알기 위해 사전에서 각각의 단어를 찾아볼까요? 먼저 분포, 즉 '나누다 분(分), 펴다 포(布)'는 '일정한 범위에 흩어져 퍼져 있음'이라고 나와 있어요. 반대로 편재, 즉 '치우치다 편(偏), 있다 재(在)'는 '한곳에 치우쳐 있음'이라는 뜻이죠.

자원의 대부분은 전 세계적으로 고르게 분포하지 않고 일부 지역에 편재해 있어요. 화석연료 가운데 석유 자원이 중동 지역에 주로 집중되어 있는 것처럼요. 사회 교과서에서는 이를 '자원의 편재성'이라고 일컫죠.

이 단어들에 쓰인 한자 '분(分)'과 '편(偏)'을 머릿속에 기억해 두면, 같은 한자가 사용된 단어들의 뜻을 유추하는 데 큰 도움이 될 거예요. 이를테면, 분립이나 분산 같은 단어는 기본적으로 나뉘거나 흩어진다는 의미를 담고 있고요, 반대로 편협이나 편중 같은 단어는 한쪽으로 몰려 있거나 치우쳐 있다는 의미를 담고 있어요.

문해력으로 경제 지문까지 잡는다?

사회 교과 중에서도 특히 관심이 있는 경우를 제외하고는 용어 뜻을 알기 어려운 영역이 바로 경제일 거예요. 청소년은 평소에 경제 용어를 쓸 일이 별로 없어서 기본 개념을 이해 못 하는 경우가 많아요. 더구나 그 개념을 적용한 응용 문제에는 손을 대기도 힘들죠.

그런데 경제 영역은 사회 과목에만 영향을 미치는 게 아니에요. 수능 언어영역 비문학 부분에서 학생들을 가장 괴롭히는 것도 역시 경제 지문이거든요. 그렇다면 어렵다고 그냥 포기하고 넘어갈 수는 없겠죠?

여기서 우리는 문해력으로 사회·경제 지문을 이해할 수 있는 방법을 찾아볼 거예요. 아래 예시 지문을 찬찬히 읽으며 중심 단어를 체크해 보세요.

일반적으로 환율의 상승은 경상수지를 개선하는 것으로 알려져 있다. 이를테면 국내 기업은 수출에서 벌어들인 외화를 국내로 들여와 원화로 바꾸기 때문에, 환율이 상승한 경우에는 외국에서 우리 상품의 외화 표시 가격을 다소 낮추어도 수출량이 늘어나면 수출액이 증가한다. 동시에 수입 상품의 원화 표시 가격은 상승하여 수입품을 덜 소비하므로 수입액은 감소한다. 그런데 이와 같이 환율 상승이 항상 경상수지를 개선할 것 같지만 반드시 그런 것은 아니다. 환율이 올라도 단기적으로는 경상수지가 오히려 악화되었다가 점차 개선되는 현상이 있는데, 이를 그래프로 표현하면 J 자 형태가 되므로 'J커브 현상'이라 한다. J커브 현상에서 경상수지가 악화되는 원인 중 하나로, 환율이 오른 비율만큼 수입 상품의 가격이 오르지 않는 것을 꼽을 수 있다. 이는 환율 상승 후 상당 기간 동안 외국 기업이 매출 감소를 우려해 상품의 원화 표시 가격을 바로 올리지 않기 때문이다. 또한 소비자들의 수입 상품 소비가 가격 변화에 따라 줄어들기까지는 상당 기간이 소요된다. 그뿐만 아니라 국내 기업이 수출 상품의 외화 표시 가격을 낮추더라도 외국 소비자가 이를 인식하고 소비를 늘리기까지는 다소 시간이 걸린다. 그러나 J커브의 형태가 보여 주듯이, 당초에 올랐던 환율이 지속되는 상황에서 어느 정도 시간이 지나 상품의 가격 및 물량의 조정이 제대로 이루어진다면 경상수지가 개선된다.

* 출처: 2011년도 9월 모의 평가

위 지문을 이해하기 위해서는 중심이 되는 단어들을 먼저 쏙쏙 뽑아 보는 게 좋아요. 경상수지, 환율, 외화, 원화, 수입, 수출 등이 있겠죠? 우리가 일상에서는 잘 쓰지 않는 낯선 용어들이 많이 나오는데요. 국어사전에서만 이 단어 뜻을 찾으면 완벽하게 내용을 이해하기 힘들어요. 이 단어가 주로 어떤 상황에서 쓰이는지, 예시 문장을 찾아서 실제 쓰임을 알아야 해요.

- 경상수지

예시) 올해는 경상수지 흑자를 기록하여 국민 경제가 안정될 것으로 전망된다.

- 환율

예시) 원·달러 환율이 소폭 상승했다.

- 원화

예시) 미국 달러로 결제하던 고객도 다음 달부터 원화 결제가 가능해진다.

경제 용어가 포함되어 있는 다양한 문장의 예시들을 찾아서 실질적으로 어떤 의미로 사용되는지까지 공부하면, 낯선 용어를 더 가깝게 느낄 수 있고 이해도 쉬우니까 꼭 한번 직접 해 보세요.

☞ 경제 지문 분석하기[28]

2차 대전 이후에 많은 후진국들이 선진국으로부터 독립하여 나름대로 경제 성장을 추구해왔으나 경제 격차는 줄어들기보다는 더욱 벌어졌다. 경제학의 기본 원리에서 보면, 자유 무역이 확대되고 선진국의 기술과 자본이 후진국에 확산되어 전체적으로 소득 수준이 비슷해지는 소위 수렴 현상이 발생해야 되는데 그렇지 않다는 것이다. 그 이유는 선진국이 주로 생산하는 제품들은 소득이 증가하면 수요가 늘어나는 반면, 후진국이 생산하는 제품들은 그렇지 않다는 것이다. 따라서 이 논리에 의한 생산 구조는 후진국에 불리하다는 것이다.

* 출처: 2004학년도 4월 고3 전국연합학력평가 문제지 사회탐구 영역(경제)

▶ 중심 단어 고르고 뜻 찾기

　㉠ 자유 무역:

　㉡

　㉢

▶ 중심 단어로 예문 만들기

㉠

㉡

㉢

14장

머리가 띵해지는 매콤한 맛

- 수학·과학 교과서 -

수학이나 과학 문제를 풀 때 공식을 모르거나 계산을 못해서가 아니라 문제의 뜻을 올바르게 이해하지 못해서 오답을 낸 경험, 한 번쯤 있지 않나요? 흔히들 이과 과목을 잘하려면 수리력만 갖추면 된다고 생각하지만, 그에 못지않게 문해력 또한 중요하답니다.

국어도 아니고 수학, 과학에서 대체 문해력이 왜 필요하냐고요? 문제를 읽고 무엇을 묻고 있는지 정확하게 파악하는 능력이 요구되는 건 마찬가지이기 때문이죠. 아무리 많은 수학 공식, 과학 개념을 외워도 문제를 제대로 이해하지 못하면 아무 소용이 없을 테니까요.

교과서 속 어휘 파헤치기

매번 강조하지만, 문해력의 핵심은 어휘력에 있다고 해도 과언이 아닙니다. 그런 의미에서 이번에는 수학과 과학 교과서에 나오는 주요 어휘 몇 가지를 한번 파헤쳐 볼게요!

연립방정식

수학에서 빼놓을 수 없는 게 바로 방정식이죠. 중학교 2학년쯤 되면 수학 시간에 연립방정식을 배우게 되는데요. 연립방정식이란 두 개 이상의 방정식을 한 쌍으로 묶어서 나타낸 것이에요.

여기서 연립이라는 단어는 '여럿이 나란히 섬'이라는 뜻으로, '연결하다 연(聯)'과 '서다 립(立)'이 더해진 말이에요. 연립주택이라는 말을 들어 본 적 있죠? 주택 여러 개가 나란히 서 있어서 연립주택이라는 이름이 붙었듯, 연립방정식도 여러 개의 식이 나란히 놓여 있다는 의미죠.

해

평소 수학 문제를 풀 때 '다음 방정식의 해를 구하라'는 말을 많이 봤을 거예요. 여기서 해의 의미가 무엇인지 자세히 파고들어 본 적이 있나요? 당연히 하늘에 떠 있는 해를 구하란 뜻은 아니겠죠?

방정식을 푼다는 것은 방정식이 참이 되게 하는 어떤 수의 값을 구하는 것을 의미해요. 이때 그 어떤 수, 즉 아직 알려지지 않은 '미지수'의 값을 해(또는 근)라고 합니다. 여기서 해는 한자로 '풀다 해(解)'예요. 무언가를 푼다는 뜻이 담긴 해답, 해법, 해결 등에도 같은 한자가 쓰인답니다.

소거

미지수가 두 개인 연립 방정식을 풀 때, 미지수 중 하나를 없앤 뒤 미지수를 한 개로 만드는 것을 소거라고 하는데요. 여기서 소거는 한자로 '사라지다 소(消)', '가다 거(去)'예요. 평소 휴대전화를 사용하거나 텔레비전을 볼 때 소리를 잠깐 없애고 싶으면 음소거 기능을 쓰잖아요. 수학에서 쓰이는 소거도 이와 같은 맥락입니다.

산화

산화는 환원과 함께 과학 교과서에 나오는 단골 단어 중 하나입니다. 두 용어는 늘 짝꿍처럼 꼭 붙어 다니지만, 뜻은 정반대랍니다. 이 단어들의 뜻을 파악하기 위해 배놓아서는 안 되는 존재가 있는데요. 바로 산소입니다.

먼저 산화는 '초 산(酸)'과 '되다 화(化)'로 이뤄진 한자어로, 여기서 '산'은 산소(酸素)에 쓰이는 한자와 같아요. 한마디로 산화는 어떤 물질이 산소와 결합하는 일을 뜻해요. 대표적인 산화 반응으로 철이 녹스는 현상, 껍질을 벗긴 과일의 색이 변하는 현상 등을 들 수 있어요.

환원

환원은 '돌아오다 환(還)'과 '처음 원(元)'이 합쳐진 말로, 산화됐던 물질(산화물)이 원래 상태로 돌아가는 것을 가리켜요. 다시 말해 어떤 물질에서 산소가 떨어져 나가는 반응을 뜻하죠. 녹슨 은수저를 소금물에 적신 호일로 감싼 뒤 기다리면 신기하게도 녹이 많이 사라지고 원래의 반짝이는 상태로 돌아오는데, 이는 환원 작용의 대표적인 사례입니다.

'환원'은 사회적인 의미로도 쓰여요. 뉴스에서 어떤 기업이나 개인이 공공의 이익을 위해 거액의 돈을 기부했다는 소식을 보도할 때 '재산을 사회에 환원했다'고 표현하죠? 여기서 쓰인 환원 역시 같은 의미랍니다. 본디의 상태로 다시 돌아간다는 뜻으로, 빈손으로 태어난 뒤 사회에서 경제활동을 통해 큰돈을 벌었으니 이것을 다시 사회로 돌려주고 처음과 같은 상태로 돌아가겠다는 의미죠.

산화와 환원이 반대의 뜻을 가졌으면서도 함께 붙어 다니는 이유는, 실제로 두 현상이 반드시 동시에 일어나기 때문입니다. 한쪽 물질에서 산화가 일어나면 반대쪽에서는 환원이 일어납니다. 어떤 물질이 산소를 얻게 된다는 말은 곧 다른 물질이 산소를 잃어버린다는 뜻이니까요.

이게 수학 문제야, 독해 문제야?

지문이 길어질수록 이게 수학·과학 문제인지, 독해 문제인지 알 수 없어질 때가 많아요. 문장의 길이가 길고 주어와 서술어를 찾기도 어렵고, 그래서 정확하게 무엇을 요구하는지 파악하기가 어렵죠.

요즘 수학·과학은 이렇게 사고력과 동시에 문해력을 필요로 하는 분석적 문제로 많이 바뀌고 있어서, '국어를 못하면 수학도 못한다'는 말이 나올 정도예요. 문해력이 좋은 학생들이 수학 성적도 좋게 나오는 것이 현실이라고 하니, 이제 문해력과 수학·과학은 떼려야 뗄 수 없는 관계가 되어 버린 듯해요. 그러니 우리 모두 수학도 과학도 문해력으로 돌파할 능력을 길러 보자고요. 다음 방법을 한번 따라해 보세요.

1단계 모르는 단어가 있는지 먼저 확인하라.
2단계 문장을 여러 개로 분리하라.
3단계 문장의 핵심에 밑줄을 쳐라.

☞ **독해력으로 수학 문제 풀기**[29]

> A주머니에 1부터 7까지의 자연수가 각각 하나씩 적혀 있는 7장의 카드가 들어 있고, B주머니에는 1부터 8까지의 자연수가 각각 하나씩 적혀 있는 8장의 카드가 들어 있다. 한 개의 주사위를 한 번 던져서 나온 눈의 수가 3배수이면 A주머니에서, 3의 배수가 아니면 B주머니에서 임의로 한 장의 카드를 꺼낸다. 주머니에서 꺼낸 카드에 적힌 수가 홀수일 때, 그 카드가 B주머니에서 꺼낸 카드일 확률을 구하여라.

㉠ 문장을 여러 개로 분리해 중요 부분만 적어 보기
①

②

③

④

⑤

⑥

⑦

ⓛ 해답 구하기

15장

희로애락이 담긴
인생의 참맛

- 소설 (읽기) -

여러분은 요즘 교과서 외에 어떤 글을 가장 재밌게 읽고 있나요? 제 또래의 중·고등학교 시절을 떠올려 보면 쉬는 시간 혹은 점심시간에 친구들과 하이틴 로맨스 소설이나 순정 만화책을 돌려 읽었던 기억이 나네요.

이렇듯 학창 시절 읽던 소설들은 갑갑한 교실의 한 줄기 빛이자, 답답한 속을 뻥 뚫어 주는 시원한 바람 같은 존재였어요. 대체 소설에는 어떤 마력이 있기에 이토록 우리를 빠져들게 만드는 걸까요?

현실이 아닌데도 빠져드는 이유

사전에서 소설의 뜻을 찾아보면 '사실 또는 작가의 상상력에 바탕을 두고 허구적으로 이야기를 꾸며 나간 산문체의 문학 양식'이라고 설명돼 있어요. 소설은 한마디로 현실 세계에 있을 법한 일을 작가가 꾸며 낸 이야기입니다. 작가의 주관과 상상에 의해 창조된 가공의 세계를 그리지만, 인간의 본모습이나 삶의 진실을 드러내는 것을 목적으로 하죠.

작가는 이야기의 전개나 사건 간의 관련성 등을 염두에 두고 여러 요소를 짜임새 있게 엮어 하나의 작품으로 꾸며 내는데, 이를 '구성'이라고 해요. 소설을 이루는 가장 기본적인 뼈대라고 할 수 있죠.

혹시 국어 시간에 소설의 구성을 이루는 세 가지 요소에 관해 들어 본 적 있나요? 흔히 '소설 구성의 3요소'라고 하는데요, '인물, 사건, 배경'이 여기에 해당합니다. 작가는 이 세 가지 요소를 어떤 방식으로 배열할 것인지 고민하며 소설을 구성해요. 전하고자 하는 주제를 효과적으로 드러내고 독자가 소설에 몰입할 수 있도록 하기 위해서죠.

정리하자면 소설은 독자를 사로잡을 만큼 매력적인 인물, 그럴듯한 배경, 흥미로운 사건이 조화롭게 배치되고 유기적으로 엮인 이야기예요. 소설 속 이야기가 분명 사실이 아니란 것을 알고 있지만 나도 모르게 푹 빠져드는 이유 역시 여기에 있습니다.

소설 뜯고 씹고 맛보기

오랫동안 전 세계적으로 사랑을 받아 온 소설『이상한 나라의 앨리스』를 예로 들어 설명해 볼게요.『이상한 나라의 앨리스』는 영국 작가 루이스 캐럴이 1865년 발표한 소설로, 판타지 문학의 시초 격인 작품이에요. 앨리스라는 소녀가 우연히 토끼를 따라 도착한 이상한 나라에서 겪는 환상적인 모험 이야기를 담고 있죠.

이 소설은 출간 당시에도 파격적인 설정과 신선한 이야기 전개로 화제가 됐지만, 오늘날에도 여전히 큰 영향력을 자랑해요. 영화, 애니메이션, 뮤지컬, 굿즈 등 다양한 콘텐츠로 재탄생되며 사람들을 매료시키고 있죠.

『이상한 나라의 앨리스』가 이토록 오랜 세월 동안 많은 이들에게 사랑받는 비결은 무엇인지 샅샅이 분석해 볼게요.

줄거리

나른하고 따분한 어느 날 오후, 언니와 함께 강둑에 앉아 있던 앨리스(인물)는 우연히 시계를 들고 뛰어가는 토끼(인물)를 발견한다. 희한한 토끼를 따라 토끼굴로 들어간 앨리스는 이상한 나라(배경)에 도착하고, 그곳에서 여러 가지 기이한 일들을 겪는다. 담배 피우는 애벌레, 가발 쓴 두꺼비, 체셔 고양이 등 기묘한 동물들과 이야기도 나누고, 몸이 커졌다가 작아졌다가 하는가 하면, 이상한 나라에서 열리는 재판에 참석하기도 한다(사건).

일련의 사건 끝에 앨리스는 꿈에서 깨어나고, 언니에게 꿈에서 겪은 이상한 모험 이야기를 들려준다. 이후 언니도 앨리스와 같은 꿈을 꾼다.

인물·사건·배경 분석

이 소설의 중심인물은 앨리스입니다. 소설 첫머리에서 앨리스는 따분한 시간을 보내고 있어요. 여러분도 매일 반복되는 평범한 일상에서 무언가 재미있고 짜릿한 일이 일어나기를 바라곤 하죠? 우리는 소설을 읽으며 자연스럽게 주인공 앨리스를 자신처럼 여기게 됩니다. 현실에서 겪을 수 없는 환상적인 모험을 펼쳐 나가는 앨리스와 함께하는 기분을 느끼며 대리 만족을 얻는 거죠.

한편 소설 도입부에 등장하는 흰 토끼 역시 주요 등장인물 중 하나입니다. 흰 토끼는 시계도 보고 말도 할 줄 아는 캐릭터로, 앨리스를 환상의 세계로 이끄는 안내자 역할을 해요. 독자는 흰 토끼를 보며 늘 똑같은 일상을 바꿔 줄 누군가가 나에게도 찾아오지 않을까 하고 상상하게 됩니다.

소설의 배경은 한마디로 이상한 나라예요. 뒤죽박죽 모험이 가득한 공간이죠. 동물들이 말을 하며 자유롭게 의사소통하고, 트럼프 카드가 사람처럼 걸어 다녀요. 이러한 배경은 작품의 전반적인 분위기를 조성하는 역할을 해요. 다른 차원의 공간, 미지의 세계로 순간 이동을 한 듯 독자를 순식간에 몰입하게 만들죠. 이 이상한 나라에서는 엉뚱하고 예측 불가능한 일들이 이어지면서 긴장감이 높아지기도 하지만 그래서 더욱 설레기도 해요.

나와 비슷한 처지의 인물이 환상적인 공간에서 흥미진진한 모험을 펼쳐 나가는 이야기에 빠지지 않고 배길 사람은 없겠죠? 참고로 『이상한 나라의 앨리스』는 완전히 비현실적인 이야기처럼 보이지만 당대 사회 현실을 반영하고 풍자한 대목도 많답니다.

대중문화에 미친 영향

『이상한 나라의 앨리스』가 케이 팝에도 영향을 미쳤다는 사실, 알고 있나요? 대체 그게 무슨 소리냐고요? 이 작품은 요즘 케이 팝에서 유행하는 세계관을 구축하는 데 기본적인 이론의 틀을 제공했다고 해도 과언이 아닙니다. 현재 케이 팝의 세계관을 이루는 주요 개념으로 가상 세계, 타임 슬립(초자연적 현상을 통해 과거·현재·미래를 오고 가는 시간 여행 또는 그런 현상), 평행 이론(서로 다른 시공간에 존재하는 두 사람의 운명이 같은 식으로 반복된다는 이론) 등을 꼽을 수 있는데, 『이상한 나라의 앨리스』가 이것들의 시초라고 볼 수 있거든요. 예를 들어 레드벨벳의 〈Huff n Puff〉라는 곡에서는 앨리스 이야기가 전면에 등장합니다.

이 외에도 방탄소년단은 헤르만 헤세의 장편소설 『데미안』, 어슐러 르 귄의 단편소설 「오멜라스를 떠나는 사람들」 등에서 콘셉트를 차용해 세계관을 구축했고요. 엔하이픈의 세계관은 뱀파이어 소설에 뿌리를 두고 있어요. 이처럼 다수의 아이돌 그룹이 소설에서 세계관의 모티프나 스토리텔링 아이디어를 얻곤 한답니다. 평소 다방면의 책을 읽고 감상의 폭을 넓히면 더욱 풍요로운 '덕질'에 도움이 되겠죠?

누구의 눈으로 보고, 누구의 입으로 말하는가

〈전지적 참견 시점〉이라는 텔레비젼 프로그램을 본 적 있나요? 문학 분야에서 쓰이는 '시점'이라는 개념을 재치 있게 응용한 제목이에요. 소설에서 시점이란, 사건을 바라보고 해석하는 이가 누구인가를 가리키는 개념인데요. 크게 1인칭 시점과 3인칭 시점으로 나뉘고, 1인칭 시점은 다시 1인칭 주인공 시점과 1인칭 관찰자 시점, 3인칭 시점은 작가 관찰자 시점과 전지적 관찰자 시점으로 나뉩니다.

왜 2인칭 시점은 없냐고요? 2인칭은 '너', '당신'을 말하거든요. 물론 소설에서 '너는 ~한다', '당신은 ~하게 느낀다'라는 식으로 서술할 수는 있지만, 그렇다고 해도 자세히 살펴보면 결국 1인칭이나 3인칭 시점에 속한다는 걸 알 수 있습니다.

1인칭 주인공 시점

소설 속 '나'로 불리는 사람이 자기 자신의 이야기를 하는 소설입니다. 마치 일기와도 같은 소설 형식이죠. 주인공의 심리 묘사를 자세히 하기에 효과적인 방식이지만, 반대로 다른 등장인물의 심리를 묘사하는 데는 어려움이 있습니다. 현실에서 우리가 아무리 다른 사람의 마음을 짐작해도, 그 속에 들어가 볼 수 없는 것과 마찬가지죠.

1인칭 관찰자 시점

소설 속 '나'가 자기 자신이 아닌 다른 사람에 대해 주로 이야기하는 소설이에요. 다른 인물의 심리는 그가 하는 말이나 행동으로 짐작할 수밖에 없죠. '나'는 그저 관찰자로서 그 인물을 묘사하고 설명하면서, 자연히 독자에게 어떤 생각을 전달하게 됩니다. 독자는 '나'의 설명에 공감할 수도 있지만 반대로 의심스럽다고 여길 수도 있는데, 그게 이 시점의 소설을 읽는 묘미이기도 해요.

3인칭 시점

'나'가 나오지 않는 소설입니다. 작품 외부에서 이야기하는 자가 있거든요. 이 이야기꾼은 마치 '신'처럼 세상 모든 일과 사람에 대해 꿰뚫고 있어서 인간이 볼 수 없는 부분까지 속속들이 설명하기도 합니다. 이럴 때 '전지적(모두 알고 있는) 관찰자 시점'이라고 하고요. 반대로 이야기꾼이 작품 속 인물들을 단순히 관찰만 해서 서술한다면 '작가 관찰자 시점'이라고 해요. 작가가 다 알려 주지 않고 독자가 적극적으로 상상하도록 만드는 방식이라고 볼 수도 있습니다.

☞ 주인공과 시점에 주목해 읽기[30]

붉은 산

- 김동인

××촌은 조선 사람 소작인만 사는 한 이십여 호 되는 작은 촌이었다. 사면을 둘러보아도 한 개의 산도 볼 수가 없는 광막한 만주 벌판 가운

데 놓여 있는 이름도 없는 작은 촌이었다.

몽고 사람 종자(從者)를 하나를 데리고 노새를 타고 만주의 농촌을 돌아다니던 여가 그 ××촌에 이른 때는 가을도 다 가고 어느덧 광포한 북국의 겨울이 만주를 찾아온 때였다. … (중략) …

'삵'이라는 별명을 가지고 있는 '정익호'라는 인물을 본 것이 여기서이다.

익호라는 인물의 고향이 어디인지는 ××촌에서 아무도 몰랐다. 사투리로 보아서 경기 사투리인 듯하지만 빠른 말로 재재거리는 때에는 영남 사투리가 뵐 때도 있고, 싸움이라도 할 때는 서북 사투리가 보일 때도 있었다. 쉬운 일본말도 알고, 한문 글자도 좀 알고, 중국말은 물론 꽤 하고, 쉬운 러시아말도 할 줄 아는 점 등등 이곳저곳 숱하게 주워 먹은 것은 짐작이 가지만 그의 경력을 똑똑히 아는 사람은 없었다. 그는 여가 ××촌에 가기 일 년 전쯤 빈손으로 이웃이라도 오듯 후덕덕 ××촌에 나타났다 한다. 생김생김으로 보아서 얼굴이 쥐와 같고 날카로운 이빨이 있으며, 눈에는 교활함과 독한 기운이 늘 나타나 있으며, 발룩한 코에는 코털이 밖으로까지 보이도록 길게 났고, 몸집은 작으나 민첩하게 되었고, 나이는 스물다섯에서 사십까지 임의로 볼 수 있으며, 그 몸이나 얼굴 생김이 어디로 보든 남에게 미움을 사고 근접치 못할 놈이라는 느낌을 갖게 한다.

㉠ 주인공 특징 요약:

㉡ 이 소설의 시점과 그 이유:

처음부터 재미없으면 못 읽겠다고?

소설에 익숙지 않은 친구들은 등장인물이 너무 많거나 시대와 배경이 너무 낯설어서 소설의 내용 속으로 들어가지 못하고 앞부분을 읽다가 포기하는 경우가 많아요. 그런데 이것은 소설이 원래 '처음부터' 푹 빠져 들어갈 수 없는 구조로 되어 있다는 것을 몰라서 그런 거예요.

소설은 발단, 전개, 위기, 절정, 결말, 이렇게 5단 구성으로 되어 있거나 이것을 살짝 변형해요. 맨 처음에 해당하는 발단에서는 소설의 전체적인 분위기를 만드는 배경과 등장인물이 소개될 뿐이지 아직 사건이 시작되지 않았기 때문에, 바로 이해하고 빨려 들어갈 수 없는 게 너무 당연한 거예요. 사건이 시작되는 곳은 전개, 사건이 깊어지는 곳은 위기, 그리고 그것들을 거쳐 이 소설의 진정한 맛을 느낄 수 있는 곳은 절정이에요. 무르익은 사건이 최고조에 이르러 소설의 쾌감을 맛볼 수 있는 단계죠. 그리고 자연스럽게 결말을 맞는 거예요.

그러나 소설 읽기를 싫어하거나 힘들어하는 사람들은 대부분 발단이나 전개 앞부분까지만 읽고 성급하게 재미없다, 집중이 안 된다며 포기하곤 해요.

소설은 마치 복잡한 퍼즐을 맞추는 것과 비슷해요. 마지막 퍼즐까지 맞췄을 때, 비로소 전체 내용이 확 들어오면서 소설의 진정한 맛이 완성되는 것이죠. 곰탕 장인이 맛있는 육수를 끓이기 위해 긴 시간 온갖 정성을 다하듯, 소설 역시 제대로 맛보려면 인내심을 가지고 천천히 공략해야 해요.

그래도 최대한 소설의 흐름을 빨리 파악하고 싶다고요? 그러려면 무엇보다 인물에 주목해야 해요. 소설에는 주인공을 포함해 다양한 인물이 등장하죠. 그렇다 보니 주인공이 누구인지 헷갈리기도 하고, 인물들의 관계가 점점 복잡해지기 시작하면서 누가 무슨 말을 했는지조차 헷갈려 전체 줄거리를 파악하지 못하게 돼요. 그만큼 소설에서는 인물이 큰 비중을 차지하고 줄거리의 큰 줄기를 담당하며 사건을 이끌어 가고 있어요.

그러니 인물이 나오면 무조건 표시를 하고 인물이 하는 행동, 가는 곳, 특히 중요한 사건이 발생하는 부분에서 주인공의 심리를 잘 파악해야 해요. 그렇게 한다면 저절로 큰 그림이 머릿속에 그려져 소설 속으로 완벽하게 빠져들게 되고, 소설의 진정한 맛과 멋을 동시에 느낄 수 있을 거예요.

고전소설 제대로 맛보는 비법

소설 중에서도 고전소설이 특히 재미없고 어렵다고요? 고전소설은 갑오개혁(1889) 이전에 쓰인 소설들을 말하는데요. 사건 전개가 우연적이고, 인물의 성격이 변하지 않아서 평면적이라는 공통점이 있어요. 현실에서 있을 수 없는 비현실적인 이야기이지만, 주제는 권선징악(착한 자는 복을 받고 나쁜 자는 벌을 받는다)으로 뚜렷하고요. 그리고 시점은 모두 전지적 작가 시점이죠. 이렇게 한결같은 틀을 갖고 있는데도 왜 고전소설은 현대 소설에 비해 어렵게 느껴질까요?

환상과 상상의 세계

결정적 이유는 물론 배경이 지금과 너무 달라서예요. 시간적 배경이 아주 오래된 과거이거나 장소도 비현실적인 경우가 많아서 쉽사리 상상하기조차 힘들어요. 이렇게 배경부터 이해하기 힘든데 거기에 등장인물도 아주 많고, 인물들이 지금의 말이 아닌 예스러운 말을 쓰는 데다, 때로는 사건조차 독자 스스로 찾아야 하니, 현대 소설보다 확실히 어렵다는 생각과 함께 거부감이 들기도 하죠.

그런데 생각을 바꿔 보면 이런 점들이 고전소설의 진정한 맛이기도 해요. 비현실적인 공간에서 여러 등장인물이 펼치는 이야기는 마치 어릴 때 할머니께 듣던 재밌는 옛날이야기처럼 우리를 환상과 상상의 세계로 이끌어 주거든요. 낯선 상황과 인물이 오히려 상상력을 자극해 나도 모르게 소설 속으로 푹 빠지게 만드는 매력적인 장르가 바로 고전소설이랍니다.

첫째도 인물, 둘째도 인물!

고전소설은 수능에 꼭 출제되는 수능 문학 맛집의 핵심 재료예요. 그렇다 보니 고전소설을 읽는 나만의 비법을 반드시 만들어 둘 필요가 있어요.

우리가 고전소설의 진정한 맛을 느끼려면 무엇보다도 많은 등장인물을 일일이 파악해야 해요. 현대 소설보다 등장인물이 많기 때문에 주인공과 그 주변 인물들이 어떤 관계인지 그들의 대화에서 주의 깊게 찾아야 하죠. 다시 말해, 고전소설을 읽는 기본적인 방법은 바로 인물에 집중, 또 집중하는 거예요.

그런데 고전소설은 현대 소설과 다르게 내용 연결이 자연스럽지 않고, 예스러운 단어들이 많이 나오기 때문에 여기에서 다시 한번 벽을 느낄 수 있어요. 이럴 때 단어 하나하나에 흔들리기보다 인물의 대화와 행동에 집중하면서 끝까지 읽어 나가면, 이해되지 않았던 부분들이 마법처럼 모두 이해되면서 고전 소설의 맛과 멋을 느낄 수 있을 거예요.

어떻게 하면 인물에 집중해 읽을 수 있을까요? 어렵게 생각하지 말고 일단 등장인물이 나오는 대로 동그라미 표시를 하세요. 또한 고전 소설은 긴 대사로 진행되는 경우가 많아서 누가 무슨 말을 했는지 헷갈리기 쉬운데, 그럴 때 대사를 등장인물과 연결하면서 읽는 거예요. 그러다 보면 자연스럽게 사건이 보이고, 전체 내용도 알 수 있게 된답니다.

☞ 인물이 등장할 때마다 체크체크[31]

유충렬전

작자 미상

오호라! 우리 부모 연광이 반이 넘어 일점혈육이 없었기로 복중에 서른 마음 남악산에 정성드려 천행으로 충렬을 낳아 놓고 애지중지 키워 내어 영화를 보렸더니 간신의 해를 보아 부친이 만 리 연경에 간 후에 모친만 모시고 있다가 피화하여 달아날 제 이 물가에 다달으니 난데없는 해상수적 사면으로 달려들어 우리 모친 결박하여 풍랑 중에 내쳐 놓으니, 모친님은 간데없고 천행으로 모진 목숨 충렬이만 살아나서 모친 주시던 옥함을 얻어 전장 기계 갖추어서 도적을 함몰하고 정한담과 최일귀를 베인 후에 천자를 구완하고 만 리 연경에 적거하신 부친님을 모셔다가 천은을 입어 연왕이 되어 만종록을 받게 하고 남적을 소멸한 후에 강승상을 살려내어 이 길로 오옵더니 모친을 생각하여 이 곳에 왔사오나 모친은 어디 가고 충렬을 모르는가. 호국에 갔던 부친은 살아 왔다. 옥문관 갔던 강승상도 살아 오고, 호국에 잡혀갔던 고국 사람들도 살아오고 황후 태후 중한 옥체 번국에 잡혀갔다 충렬이가 살려 왔네, 모친은 어디 가고 살아 올 줄 모르는가. 이번에 부친님이 소자를 보내실 제 부탁하시기를 번양 땅에 가 네 어머님을 찾아오라 하시더니 만경창과 깊은 물에 백골인들 찾으리까. 모친님이 옥함을 주실 제 수건에 쓴 글씨를 가져왔으니 혼백이나 와서 충렬을 만져 보시오. 충렬은 명나라 대사마 도원수 겸 승상 위국공이 되고 부친님은 금자광록대부 겸 대승상 연국공의 연왕이 되었으니 이같은 영화를 어디 가고 모르는가. 우리 집에 불을 놓은 정한담을 사로잡아 전옥에 가두었다가 부친을 모신 후에 부친 앞에 엎지르고 전후 죄목을 물은 후에 그놈의 간을 내어 모친님 전에 제사하였더니 그런 줄을 알았는가. 충렬이 귀히 된 줄 혼령은 알련마는 언제 다시 만나볼까. 세상에 귀한 영화 나 같은 이 없건마는 피 같은 이 내 눈물 어찌하여 솟아난가. 모친님을 편히 모셔 연만하여 돌아가면 이다지 통박할까. 만 리 연경에 가장 잃고 무변대해에 자식 잃고 도적에게 결박하여 수중고혼이 되었으니 천만 세를 지나간들 모친같이 통박할까. 혼령이 나오셨거든 이렇듯이 만반진수를 흠향하고 돌아가서 후생에 다시 만나 세세상봉 모자 되어 다하지 못한 자모지정을 다시 풀까 바라나이다. 하올 말씀 무궁하오나 눈물이 흘러 옷이 젖고 흉중이 답답하여 그만 그치나이다.

㉠ 모든 등장인물의 이름:

㉡ 주인공의 이름:

㉢ 주인공을 달리 부른 이름:

16장
몽실몽실
상상하는 맛

- 소설 (쓰기) -

저는 소설을 읽는 데 그치지 않고 직접 쓰기도 했는데요. 지금도 여전히 사랑받는 팬픽(팬 픽션)으로, 팬들이 자신이 좋아하는 유명인을 주인공 삼아 창작한 이야기 형식이었어요. 그 당시 좋아했던 아이돌 가수들을 주인공으로 팬픽을 쓴 뒤 친구들에게 보여 주면, 마치 다들 소설 속 주인공이 되기라도 한 듯 열광하곤 했죠.

버거운 현실을 잠시나마 잊게 해 주고, 짜릿한 상상 속으로 무한히 빠져들게 하는 소설. 눈이 확 뜨일 정도로 재미있는 소설을 읽다 보면 '아, 나도 이런 소설 한번 써 보고 싶다.'라는 생각이 저절로 들지 않나요?

소설 쓰기, 어떻게 시작할까

소설을 쓰는 일은 누구의 간섭도, 그 어떤 제약도 없이 머릿속 생각을 자유롭게 펼칠 수 있기에 매력적으로 다가와요. 팍팍한 현실에서는 마음대로 되는 일이 그리 많지 않지만, 내가 직접 만든 이야기 속에서는 모든 걸 원하는 방향으로 설정하고 움직이게 할 수 있다는 짜릿함이 있죠.

팬픽을 예로 들어 볼게요. 현실에서는 내가 좋아하는 스타와 사적으로 얽힐 일이 거의 없을 뿐만 아니라 만나기조차 어렵잖아요? 하지만 팬픽을 쓸 때만큼은 '최애'와 친한 친구 사이가 될 수도 있고, 일로 엮일 수도 있으며, 심지어 그가 나를 좋아하는 이야기까지 마음대로 펼쳐 낼 수 있어요. 그 이야기에 함께 열광하며 공감해 주는 독자들이 생기면 소설을 꾸준히 써 내는 원동력도 얻게 되고요.

하지만 막상 직접 이야기를 쓰자니 어디서부터 어떻게 시작해야 할지 고민스러울 거예요. 그런 친구들을 위해 소설을 쓰는 몇 가지 팁을 지금부터 알려 줄게요.

어떤 주제 의식을 담고 싶은가?

본격적으로 소설을 쓰기 전에 '이 이야기를 통해 어떤 메시지를 전하고 싶은가'를 가장 먼저 고민해야 해요. 어떤 소설이든 저마다 전달하고자 하는 주제와 메시지가 있게 마련이에요. 그것이 꼭 교훈적이거나 모범적일 필요는 없지만, 이왕이면 독자의 마음속에 오랫동안 남아 긍정적인 영향을 미칠 수 있다면 좋겠죠.

교과서에 꾸준히 실려서 모르는 사람이 거의 없을 정도로 유명한 황순원의 단편 소설 「소나기」를 예로 들어 설명해 볼게요. 이 소설의 주제를 간략하게 정리하면 '애틋하고 순수한 사랑'이라고 할 수 있어요. 이를 효과적으로 전하기 위해 어른이 아닌 사춘기 소년과 소녀를 등장인물로, 현대적이고 북적북적한 도시보다는 자연적이고 고즈넉한 시골을 배경으로 설정했죠.

제목은 무엇으로 할 것인가?

제목은 소설이 전하고자 하는 바를 함축적·상징적으로 담은 이름이에요. 소설의 첫인상을 결정한다고 해도 과언이 아니죠. 「소나기」의 경우, 소년 소녀의 짧고 순수한 사랑을 부각하는 주요 장치로 소나기를 활용하고 있어요. 소나기는 난데없이 세차게 쏟아지다가 금세 그친다는 특징이 있죠. 이는 예기치 못한 순간 찾아와 짧지만 강렬하게 스쳐 가는 어린 시절의 순수한 사랑과 닮았습니다.

이렇듯 소설의 이미지를 대표하는 동시에, 독자의 호기심까지 자극할 수 있다면 더할 나위 없이 좋은 제목이겠죠?

어떤 인물을 등장시킬 것인가?

등장인물은 소설의 중요한 구성 요소입니다. 작가는 주요 등장인물을 이야기 전면에 내세워 사건을 주도하도록 설정하고, 이를 통해 주제를 효과적으로 그려 독자의 공감대를 불러일으키죠.

세계적으로 유명한 고전인 리처드 바크의 장편소설 『갈매기의 꿈』을 예로 들어 볼게요. 이 소설은 '마음속에 자신만의 꿈을 간직한 채 어떤 시련이 닥쳐도 묵묵히 노력하다 보면 언젠가 그 꿈을 이룰 수 있다'는 메시지를 담고 있어요. 이러한 주제를 잘 전하기 위해 여느 갈매기들과는 달리 비상을 꿈꾸는 갈매기 '조너선'을 등장인물로 설정했죠.

구성은 어떻게 짤 것인가?

소설은 보통 발단, 전개, 위기, 절정, 결말이라는 5단계로 구성된다고 했죠? 발단에서는 주인공을 비롯한 등장인물이 소개되고, 배경과 함께 대략적인 사건의 실마리가 제시돼요. 전개에서는 사건이 점차 진행되면서 주인공과 주변 인물 사이에 갈등이 시작되고, 위기에서는 그 갈등이 점점 깊어집니다. 그리고 절정에서는 갈등이 최고조에 이르는 한편, 사건 해결의 실마리 또한 제시되죠. 마지막으로 결말에서는 갈등이 해소되면서 주인공의 운명이 결정되고요.

이렇게 단계마다 나름의 질서를 갖춰 인물과 사건을 적절하게 배치해야 짜임새 있는 이야기가 탄생해요. 소설을 본격적으로 쓰기 전에 구성 단계별로 대략적인 내용을 메모해 두면, 더욱 탄탄한 소설을 쓰는 데 도움이 될 거예요. 그 후 조금씩 살을 붙여 가며 이야기를 완성하는 거죠.

'내 소설' 첫발 떼기

어때요? 막연하게만 느껴지던 소설 쓰기가 이제 좀 더 손에 잡히는 기분이 들지 않나요? 요즘은 네이버 웹소설, 카카오페이지 스테이지, 포스타입 등 자신이 쓴 소설을 사람들에게 선보일 수 있는 창구가 많아졌어요. 온라인 공간에 게재된 소설이 책으로 출간되는 경우도 상당하고요. 소설 쓰기에 관심 있다면 용기 내어 도전해 보세요. 지금까지 소개한 팁을 바탕으로 제가 작성한 아래 예시를 참고해 시작해 볼까요?

⊙ 어떤 주제 의식을 담고 싶은가?

  : 답답한 일상에서의 탈출

ⓒ 제목은 무엇으로 할 것인가?

  : 다섯 번째 계절(사계절이 아닌 다른 계절을 제시하며 일상에서 벗어나고 싶은 바람을 표현한 제목)

ⓒ 어떤 인물을 등장시킬 것인가?

  - 이름: 하영(20대 초반 여자)

  - 직업: 하루 종일 한 평짜리 부스에서만 일하는 기차역 매표소 직원

  - 특징: 성실하고 부지런하지만 가끔씩 엉뚱한 상상을 하며 일탈을 꿈꾸는 인물

  - 그 외 주요 등장인물: 매일 밤 9시, 다섯 번째 계절로 향하는 티켓을 사러 오는 이상한 아줌마

ⓔ 시점은 무엇으로 할 것인가?

: 3인칭 전지적 작가 시점

◎ 구성은 어떻게 짤 것인가?

- 발단: 매일 기차 매표소로 출근하는 하영. 기차표를 팔고 있지만 정작 본인은 매일 매표소에 갇혀 일하느라 여행은 엄두도 못 낸다.

- 전개: 어느 날 하영은 여행을 가는 한 무리의 학생들을 보며 자신도 어디론가 떠나고 싶다고 생각한다. 하지만 현실은 여의치 않고, 막상 갈 곳도 떠오르지 않는다.

- 위기: 기이한 행색의 손님이 매일 밤 9시만 되면 매표소에 찾아와 다섯 번째 계절로 가는 티켓을 달라고 한다. 손님이 온 지 한 달쯤 됐을 때 하영은 그런 목적지는 없다고 단호하게 못 박는다. 그러면서도 문득 그런 곳이 있다면 한번 가 보고 싶다고 생각한다.

- 절정: 어쩐 일인지 그 후로 손님은 나타나지 않고, 하영은 그가 정말로 다섯 번째 계절로 떠난 걸까 궁금해한다. 여느 때처럼 티켓을 팔던 하영은 충동적으로 유니폼을 벗어 던진 채 매표소 밖으로 뛰쳐나가 기차에 몸을 싣는다. 하영이 손에 쥔 티켓의 목적지에는 다섯 번째 계절이라고 쓰여 있다.

- 결말: 하영에게 다섯 번째 계절은 다름 아닌 평일 한낮의 매표소 밖 세상이었다. 분명 어제와 다를 바 없는 계절이지만 어쩐지 평소와 다른 바람과 햇살이 느껴진다.

☞ 내가 소설을? 시작만 한번 해 볼까?

㉠ 어떤 주제 의식을 담고 싶은가?

㉡ 제목은 무엇으로 할 것인가?

㉢ 어떤 인물들을 등장시킬 것인가?

　주인공:

　그 외 인물:

㉣ 시점은 무엇으로 할 것인가?

㉤ 구성은 어떻게 짤 것인가?

　- 발단:

- 전개:

- 위기:

- 절정:

- 결말:

17장

짧지만 여운이 긴 맛

- 현대 시와 고전 시가 -

시는 분명 소설보다 짧고 내용도 많지 않아서 그냥 읽기는 쉬운데, 왜 읽고 나면 뭘 읽었는지 알 수 없는 걸까요?

그 이유는 시가 운율이 있는 언어로 내용을 짧게 줄여서 함축적으로 표현하기 때문이죠. 그 숨겨진 의미를 찾아내지 못하면 '하얀 건 종이, 검은 건 글씨'라는 무념무상의 상태로 전혀 내용을 이해할 수 없게 돼요.

시는 '문학의 꽃'이라 불릴 만큼 문학의 고유한 맛이 가득한 장르인데요. 그럼 시를 맛있게 읽는 방법, 시가 맛있는 이유를 찾는 방법에는 무엇이 있을까요?

시인의 대리인, '시적 화자'

시를 가깝게 느끼고 공감하며 읽으려면 시에서 말하는 사람, 즉 시인이 만든 가상의 대리인 시적 화자에 모든 초점을 맞춰야 해요. 시를 이끌어 가는 시적 화자는 시의 모든 것을 결정하는 조율자예요. 시적 화자가 바라보는 것이 시의 재료가 되고, 시적 화자가 처해 있는 상황이 바로 시의 내용, 완성된 음식이 되는 거죠.

시적 화자는 '나'라고 분명하게 드러날 수도 있지만, 만약 '나'라는 말이 없으면 숨어 있는 거예요. 한마디로 시적 화자가 없는 시는 존재하지 않아요. 시를 처음에 만나면 일단 시적 화자가 누구인지 먼저 파악해 보세요. 그럼 시 속으로 깊이 푹 빠져들 거랍니다.

다음 시에서 시적 화자를 찾아내고 관찰해 보세요.

자화상

−윤동주

산모퉁이를 돌아 논가 외딴 우물을 홀로 찾아가선 가만히 들여다봅니다.

우물 속에는 달이 밝고 구름이 흐르고 하늘이 펼치고 파아란 바람이 불고 가을이 있습니다.

그리고 한 사나이가 있습니다.

어쩐지 그 사나이가 미워져 돌아갑니다.

돌아가다 생각하니 그 사나이가 가엾어집니다. 도로 가 들여다보니 사나이는 그대로 있습니다.

다시 그 사나이가 미워져 돌아갑니다.
돌아가다 생각하니 그 사나이가 그리워집니다.

우물 속에는 달이 밝고 구름이 흐르고 하늘이 펼치고 파아란 바람이 불고 가을이 있고 추억처럼 사나이가 있습니다.

이 시의 시적 화자는 곧바로 드러나지 않고 가만히 생각해야 알 수 있는데요. '나'라는 인물이 나오지 않기 때문이에요. 하지만 더 고민해 보면 마치 거울 같은 우물물에 비친 '사나이'가 숨겨진 '나'라는 걸 짐작할 수 있죠.

이렇게 시적 화자를 찾았다면 그가 지금 하고 있는 행동은 무엇인지, 감정 상태는 무엇인지, 나아가 그러는 이유는 무엇일지 이입해서 추측해 볼 수 있습니다. 그렇게 해야만 시를 읽고 마음이 움직이는 경험을 할 수 있겠죠.

이 시에서 화자는 물에 비친 사나이, 즉 자기 자신이 미워서 외면하려고 합니다. 하지만 자기 자신이기에 금세 마음이 약해져서 다시 마주하게 되죠.

여러분도 거울을 보면서, 혹은 하루의 일기를 쓰면서 이렇게 혼란스러운 감정을 느꼈던 적이 있을지도 몰라요. 다시 말해 이 시의 시인은 시적 화자를 통해 '자기 성찰'의 모습과 마음을 보여 주고 있는 게 아닐까요?

오색찬란한 향기로 가득한 고전 시가의 맛

고전 시가는 현대 시보다 읽기 어렵지만 그래도 재미를 붙이면 푹 빠져들게 돼요. 사실 제대로 읽을 수만 있다면 저절로 내용이 보이는 셈이라, 중세국어의 표기법을 익힌 뒤에는 예상외로 시조와 친해지기 쉽죠.

특히 예스러운 느낌을 넣어서 읽으면 우리 조상들이 즐겼던 풍류와 여유, 지적인 즐거움을 간접적으로 체험할 수 있어요.

시조를 낭독하고 해석해 보기

다음은 고전 시가의 대표 유형인 시조입니다. 먼저 소리 내어 읽어 보고 무슨 뜻인지 나름대로 해석한 후, 아래 해석과 비교해 보세요.

[원문]

가마귀를 뉘라 물드려 검싸ᄒᆞ며 빅노를 뉘라 마전ᄒᆞ야 희다더냐

황시다리를 뉘라 이어 기다ᄒᆞ며 오리다리를 뉘라 분질러 즈르다ᄒᆞ랴

아마도 검고 희고 길고 즈르고 흑빅장단이야 일너무슴 ᄒᆞ리오

[해석]

가마귀를 누가 물들여 검다 하며, 백로를 누가 하얗게 바래도록 만들어서 희다더냐.

황새 다리를 누가 이어 길다 하며, 오리 다리를 누가 분질러 짧다고 하느냐.

아아! 검고 희고 길고 짧고의 흑백(黑白) 장단(長短)을 따져서 무엇하랴?

[원문]

눈마즈 휘여진 디를 뉘라셔 굽다턴고

구블 절(節)이면 눈 속의 프를쏘냐

아마도 세한고절(歲寒孤節)은 너쑨인가 ᄒ노라

[해석]

눈을 맞아 휘어진 대나무를 누가 굽었다 하는가?

굽힐 절개라면 눈 속에서 어찌 푸르겠는가?

아마도 한겨울의 추위를 이겨 내는 절개를 가진 것은 너뿐인가 하노라.

여러분의 생각이 해석과 얼마나 일치했나요? 거의 비슷한 경우도 있겠지만, 읽는 것조차 불편한 친구들도 적지 않을 거예요. 이것이 내가 알고 있는 한글이 맞냐고 되물을 친구들도 있겠고요. 그것은 고전 시가 표기가 지금과 다른 중세국어 표기이기 때문이에요.

중세국어, 딱 두 가지만 기억하자

어렵게 생각하지 말고 딱 두 가지만 알아 두세요. 이것들만 알아 두면 만능 열쇠처럼 모든 고전 시가에 적용할 수 있답니다. 먼저 고전 시가에 가장 많이 나오는 표기 ㆍ를 읽는 방법이에요. 언뜻 보기에는 붓으로 점을 찍은 것처럼 보이는데, '아래 아'라고 불러요.

아래 아는 첫음절에서 'ㅏ'
두 번째 음절에서 'ㅡ'

이렇게 발음하면 대부분 자연스럽게 읽을 수 있어요. 또 하나 알아 두면 좋은 꿀 상식 하나는 바로 ᄧᅳ들, ᄯᅡ해, ᄡᅮ메, 이렇게 생긴 글자들을 읽는 법이에요. 그냥 보기에도 신기하고 어떻게 읽는지는 더욱 모르겠죠. 이것은 어두 자음군이라는 건데, 대부분 뒤쪽 자음으로 된 소리를 만들어 주면 쉽게 읽을 수 있어요. '뜨들, 따해, 쑤메'처럼요.

ᄯᆞ (따)
ᄲᅮᆫ (뿐)
ᄯᅥ (떠)

이것까지 알아 두면 고전 시가에 접근하는 장벽이 확 낮아져서, 어떤 고전 시가도 막힘없이 읽게 된답니다. 여기에 한자에 대한 배경지식까지 더해진다면 고전 시가 해석의 고수가 될 수 있을 거예요. 평소에 기본 한자를 익혀 두면 문해력 향상에 큰 도움을 받을 수 있으니,

한자 공부도 부지런히 해 보세요.

고전 시가의 단골 주제 의식

현대 시는 매우 다양한 주제 의식을 가지고 있어서 주제로 분류하기가 어렵지만 고전 시가의 경우에는 주요 주제 의식을 몇 가지로 구분할 수 있어요. 그 주제들을 미리 알고 있으면 고전 시가를 해석하기가 더욱 쉽죠.

고전 시가의 주제는 크게 자연 친화, 사랑·이별·그리움, 유교 사상(충효), 현실 문제 비판, 학문 수양 등 다섯 가지로 나눌 수 있어요.

☞ 고전 시가 주제? 다섯 중 하나![32]

㉠
江山(강산) 죠흔 景(경)을 힘센이 닷톨 양이면,
닉 힘과 닉 分(분)으로 어이ᄒ여 엇들쏜이.
眞實(진실)로 禁(금)ᄒ리 업쓸씌 나도 두고 논이노라.

▶ 해석:

▸ 주제:

ⓛ

冬至(동지)ㅅ돌 기나긴 밤을 한 허리를 버혀 내여,
春風(춘풍) 니불 아리 서리서리 너헛다가,
어론님 오신 날 밤이여든 구뷔구뷔 펴리라.

▸ 해석:

▸ 주제:

ⓒ

구룸이 無心(무심)툰 말이 아마도 虛浪(허랑)ᄒ다.
中天(중천)에 써 이셔 任意(임의)로 ᄃ니면셔
구틱야 光明(광명)훈 날빗츨 싸라가며 덥ᄂ니.

▸ 해석:

145

▶ 주제:

나를 풀고 가라

3부에서 살펴보았던 독해에 관한 내용들을 종합적으로 복습해 보는 시간입니다. 반복보다 더 좋은 공부는 없다는 사실, 잊지 말아요! 잘 모르겠더라도 정답지를 바로 확인하지 말고 충분히 고민하는 습관을 길러보세요.

1. 다음 소설의 한 대목을 주의 깊게 읽고 답하세요.[33]

떠도는 생물로서 인간을 경계하며 살았다.

좋은 인간도 있었으나 좋은 인간도 해로운 인간도 우연에 불과했으므로 어떤 우연을 맞닥뜨릴지 알 수 없는 한갓 묘씨생으로서, 매번의 우연을 낙관할 수는 없었다. 인간을 경계하는 일을 우선으로 두고 살았다.

몸이고 보니 괴로우면 울었다. 영물이라 이상한 소리를 내며 운다고 사람들이 이 몸을 쫓았으나 이상하기로 말하자면 인간도 마찬가지였다. 무엇보다도 압도적으로 이상하게 우는 존재란 인간이라고 이몸 생각하고 있었으므로 그렇게 쫓겨다니는 것이 이상하고 분했다. 밤이고 낮이고 인간이 우는 소리를 들을 수 있었다. 하나같이 다르고 하나같이 섬뜩하고 하나같이 짧고 뭉툭하게 사라져가는 소리. 특별히 밤이 되면 그런 소리들로 거리가 문득 고요해지거나 소란스러워졌다.

어느 날 개나리 덤불 속에서 짜고 앙상한 생선뼈를 씹고 있을 때 한 인간이 고래고래 울며 다가왔다. 한 손에 봉투를 쥐고 아무것도 쥐지 않은 손으로는 주먹을 쥐고 다른 인간들을 노려보며 뭐어어어 내가 아아 다아아아 하며 걷고 있었다.

나는 이 인간에게 배를 걷어차여 일생을 마쳤다.

_황정은, 「묘씨생」, 『파씨의 입문』(창비, 2012), 123~124쪽

㉠ 이 소설의 주인공은 누구인가?

㉡ 이 소설의 시점은 무엇인가?

㉢ 이 소설의 주제 의식은 무엇일까?

㉣ 내가 소설을 쓸 때, 사람이 아닌 다른 화자를 택한다면 어떤 것으로 하고 싶은가? 그 이유는 무엇인가?

2. 시를 더욱 깊이 이해하는 방법 중 하나가 그림이나 영상의 한 장면으로 만들어 보는 건데요. 이 시를 잘 읽고 4컷짜리 만화로 재창작해 보세요.

향수

       - 정지용

넓은 벌 동쪽 끝으로
옛이야기 지줄대는 실개천이 휘돌아 나가고,
얼룩백이 황소가
해설피 금빛 게으른 울음을 우는 곳,

— 그곳이 차마 꿈엔들 잊힐 리야.

질화로에 재가 식어지면
비인 밭에 밤바람 소리 말을 달리고,
엷은 졸음에 겨운 늙으신 아버지가
짚베개를 돋아 고이시는 곳,

— 그곳이 차마 꿈엔들 잊힐 리야.

흙에서 자란 내 마음
파란 하늘빛이 그리워
함부로 쏜 화살을 찾으려

풀섶 이슬에 함추름 휘적시던 곳,

— 그곳이 차마 꿈엔들 잊힐 리야.

전설 바다에 춤추는 밤물결 같은
검은 귀밑머리 날리는 어린 누이와
아무렇지도 않고 예쁠 것도 없는
사철 발 벗은 아내가
따가운 햇살을 등에 지고 이삭 줍던 곳,

— 그곳이 차마 꿈엔들 잊힐 리야.

하늘에는 성근 별
알 수도 없는 모래성으로 발을 옮기고
서리 까마귀 우지짖고 지나가는 초라한 지붕
흐릿한 불빛에 돌아앉아 도란도란거리는 곳,

— 그곳이 차마 꿈엔들 잊힐 리야.

4부

말 센스: 생활 속에 숨어 있는 말 보물 찾기

"말 한마디에 천 냥 빚을 갚는다."라는 속담을 들어 봤나요? 말만 잘해도 우리 실생활에서 엄청난 이득을 얻을 수 있다는 뜻이에요. 그런데 요즘 일상적인 언어생활조차 어려워하는 친구들이 많죠. 그런 친구들에게 한 줄기 빛이 되어 주기 위해 4부에서는 실제 생활 속에 흩어져 있는 우리말의 보물들을 찾아 나설 거예요.

요즘은 텔레비전이든 인터넷이든 유튜브든 광고 없이는 이용할 수가 없죠? 광고가 쓸데없이 내 시간을 잡아먹는 느낌도 들겠지만, 한편으로는 광고를 주의 깊게 살피면서 문해력을 키울 수 있어요. 광고 카피의 세계 속에 숨겨진 언어의 보물들을 찾아 문해력을 향상시킬 수 있는 비법을 알아보도록 해요.

평소에 대상과 상황에 맞게 대화하는 게 어려운 친구들 있나요? 그냥 말을 주고받는 일이 왜 이리 어려운 걸까요? 사람들 사이에 점점 대화가 사라지고 말하기가 조심스러워진다는 요즘, 어떻게 해야 예절을 지키면서도 자연스럽게 대화할 수 있을지 방법을 알아보려고 해요.

여러분, 요즘 텔레비전, 혹은 넷플릭스 등 OTT, 유튜브로 드라마를 많이 접하죠? 드라마는 사실 우리 가까운 곳에서 찾을 수 있는 문해력의 보물섬과도 같아요. 우리를 울고 웃게 하고 또 다른 세상으로 데려가는 드라마! 보고 듣고 즐기며 문해력 공부에 푹 빠질 준비 되었나요?

자, 이렇게 문해력의 보물들을 다 찾고 나면 지금까지 갈고닦은 실력으로 토론의 달인에 도전해 보세요. 토론까지 잘할 수 있다면 이제 여러분은 문해력 끝판왕!

18장

대중을 사로잡는 마법의 문장

- 광고 카피 -

문해력을 기르는 데 독서만큼이나 중요한 게 있어요. 바로 글쓰기입니다. 글쓰기는 우리 삶에 꼭 필요한 표현과 소통의 도구예요. 학창 시절에는 학업을 수행하고 시험을 볼 때, 직장에 들어간 후에도 기획서, 제안서, 보고서 등을 쓸 때 글쓰기 능력이 요구되죠.

잘 쓰기 위해서는 일단 잘 쓴 글을 많이 읽어야겠죠? 이때 되도록 여러 분야의 글을 접하면 좋아요. 글쓰기의 범위는 여러분의 생각보다 꽤 넓습니다. 일기, 시, 소설, 기사는 물론이고 우리가 일상에서 매일같이 마주치는 광고 카피도 넓은 범위에서 보면 글쓰기 영역에 속한답니다.

기억에 가장 오래 남는 문장

이 장에서는 광고를 통해 글쓰기를 재미있게 접할 수 있는 시간을 준비해 봤어요. 왜 하필 광고냐고요? 대답에 앞서 질문을 하나 던져 볼게요. 좋은 글이란 무엇일까요? 많은 사람이 공감하는 글, 자꾸만 읽고 싶은 글 등 답은 여러 가지겠지만 한 가지 공통점이 있어요. 바로 기억에 오래 남는 문장을 지닌다는 점입니다. 오래 기억되는 문장 하면 역시 광고 카피죠. 그래서 우리는 광고에서 매력적인 글쓰기의 실마리를 얻을 수 있답니다.

광고란 기업·개인·단체가 제품·서비스 등의 각종 정보를 여러 매체를 통해 소비자나 사회 구성원에게 널리 알리는 활동을 뜻해요. 상품의 품질과 가격이 비슷하다는 가정하에, 우리가 특정 제품이나 서비스를 선택하는 데에는 광고가 상당한 영향을 미칠 가능성이 커요. 그렇기에 많은 브랜드들이 양질의 제품을 생산하는 것만큼이나 사람들의 기억에 남는 광고를 만드는 일에 공을 들이는 거죠.

상품 자체보다 이미지를 각인시키는 광고

소비자에게 각인될 광고를 만드는 데에는 글, 그림, 음악 등 각종 시청각 매체가 동원됩니다. 여기서 글에 해당하는 것이 카피예요. 카피는 광고의 핵심 메시지를 담은 문구입니다. 이런 카피를 쓰는 일을 카피라이팅이라고 하죠. 카피는 가장 눈에 띄는 헤드 카피와 본문에 해당하는 바디 카피로 구성돼요. 우리가 일반적으로 기억하는 카피는 헤드 카피일 가능성이 큽니다. 짧은 순간 대중에게 각인될 수 있도록 최대한 시선을 끄는 문장으로 이뤄지죠.

그럼 본격적으로 실제 광고 사례를 살펴보면서 카피를 분석해 볼까요?

바나나 우유 광고

마트나 편의점에 가면 여러 브랜드에서 나온 바나나 우유들이 줄지어 서 있어요. 저는 학창 시절부터 지금까지 다른 제품은 보지도 않고 늘 항아리 모양의 바나나맛 우유를 집어 든답니다. 다른 브랜드에서 나온 제품보다 특별히 맛있다거나 영양 성분이 탁월해서 그 제품만 먹는 건 아니에요. 굳이 설명하자면 아주 어렸을 때부터 '바나나 우유 하면 당연히 이거지.'라는 생각이 무의식 속에 자리 잡고 있어서랄까요?

여기에는 광고가 매우 큰 영향을 미쳤을 가능성이 큽니다. 이 제품은 역사가 오래된 만큼 그동안 수많은 버전의 광고가 만들어졌는데요. 그중에서도 특히 기억에 남는 한 텔레비전 광고를 예로 들어 볼게요.

푸근하고 코믹한 이미지로 많은 사랑을 받은 고창석 배우가 사무실을 배경으로 등장합니다. 깐깐한 표정으로 인상을 쓴 채 일하고 있는 그의 영상 위에 다음과 같은 내레이션이 깔려요.

'저 인간이 내 사수? 아, 나 이제 죽었다.'

회사에 갓 입사한 사원이 함께 일하게 될 회사 선배를 처음 마주하고 나서 혼잣말을 하는 상황으로 보이죠.

그때 고창석이 바나나맛 우유를 꺼내 마시는 장면이 이어집니다. 무섭게만 보였던 그의 표정이 사르르 풀리면서 '어? 의외로 귀엽네!' 라는 내레이션과 함께 화면에 다음과 같은 문구가 등장해요.

이러니 반하나, 안 반하나! 마음까지 채운다, 바나나맛 우유.

이 제품이 그동안 유지해 온 포근하고 귀여운 이미지가 고스란히 잘 드러나는 광고였어요. 게다가 발음이 같은 '반하나'와 '바나나'를 이용한 말장난, 즉 언어유희를 사용해 사람들에게 쉽게 기억될 수 있는 카피를 만들어 내는 데도 성공했죠.

진통제 광고

평소 우리가 자주 먹는 약 중 하나는 진통제가 아닐까 싶어요. 텔레비전이나 유튜브 등에도 진통제 광고가 흔히 등장하곤 하죠. 그중에서 가수 아이유가 출연했던 한 두통약 광고를 예로 들어 볼게요. 제품의 성분이나 효능에 대한 설명보다는 특유의 감성적인 광고 분위기로 눈도장을 찍었죠.

광고 첫 장면에서 아이유가 콧노래를 부르며 누군가를 기다리고 있습니다. 그때 한 줄기 빛이 들어와요. 알고 보니 아이유가 있는 장소는 서랍 안이었어요. 서랍에는 손가락만큼 작아진 아이유와 함께 각종 화장품과 진통제도 들어 있죠. 아이유는 서랍이 열리자 바깥을 향해 반갑게 인사하지만, 서랍은 그냥 다시 닫힙니다. 살짝 당황하던 아이유는 이내 미소를 지어요. 그리고 다음과 같은 광고 카피가 등장합니다.

날 찾지 않아도 괜찮아. 난 아프지 않은 네가 더 좋으니까.

제품을 파는 게 중요한 게 아니라, 당신이 아프지 않은 게 우선이라고 강조하며 소비자들의 마음을 따뜻하게 어루만져 주는 내용이죠. 보통은 광고에 자신들의 제품을 구매해 달라는 메시지를 담기 마련인데, 역발상으로 사람들의 마음을 사로잡은 거예요. 여러분이 글을 쓸 때도 일반적인 생각을 거꾸로 뒤집는 문장으로 첫머리를 열면 독자를 집중시킬 수 있겠죠?

그렇다고 광고가 여기서 끝나면 정말 제품이 필요 없다는 뜻으로 읽힐 우려가 있으니, 다음 문구가 이어집니다.

여기서 기다릴게. 곁에 두는 요즘 상비약. 내 곁엔 그날엔.

일단 제품을 서랍 같은 곳에 상비해 두긴 하되 이걸 먹을 일이 없으면 좋겠다는 메시지가 아주 잘 전달되는 광고죠? 마지막에 제품명과 운율을 맞춘 문구로 소비자들의 머릿속에 한 번 더 각인시키는 것도 잊지 않았고요.

광고, 시대를 품다

앞으로 광고를 마주할 때 그냥 흘려보내지 말고 어떤 카피가 사용

됐는지, 왜 이런 단어와 문장이 쓰였을지 주의 깊게 살펴보세요. 광고 카피에 쓰인 작문법을 내 것으로 익혀 글쓰기에 활용하면 많은 사람들에게 오랫동안 사랑받는 매력적인 글을 탄생시킬 수 있을 거예요.

시대를 뛰어넘어 사랑받은 대표적인 광고 카피들을 살펴볼까요?

- 침대는 가구가 아닙니다. 과학입니다.
- 니들이 게 맛을 알아?
- 먹지 마세요, 피부에 양보하세요.
- 또 다른 세상을 만날 때까지 잠시 꺼 두셔도 좋습니다.

한 시절을 풍미했다고 할 만큼 유명했던 광고들이죠. 여러분이 모르겠다면 부모님이나 선생님에게 물어보세요. 아마 자동으로 답이 튀어나올 겁니다.

이 광고 카피들의 특징은 전혀 관계없어 보이는 두 가지를 연결해 강한 인상을 남겼다는 거예요. 침대는 가구일 뿐인데, 과학적 원리에 따라 인체에 최적화해 만들었다는 뜻으로 '침대는 과학'이라고 표현한 것처럼요. 먹을 수 있을 만큼 깨끗한 자연 성분을 강조해 '먹지 말고 피부에 바르라'고 한 화장품 광고도 그렇죠.

시간이 흘러 어떤 제품들은 이제 사라졌지만, 광고 카피는 이렇게 우리 기억 속에 각인되어 남아 있어요. 이런 것이 바로 광고의 힘입니다. 단순히 상품을 팔거나 공익 목적으로 무엇인가를 알리기 위해 만들어지더라도, 광고 카피는 그 시대의 모습을 그대로 품고 있는 하나의 역사예요. 그 시대에 사람들이 무엇을 좋아했고, 무엇이 문제였고,

무슨 꿈을 꾸었는지 고스란히 담고 있으니까요.

예전에는 광고 매체가 텔레비젼이나 라디오, 신문 등으로 한정되어 있었다면 지금은 일일이 꼽을 수 없을 정도로 많아졌죠. 그렇다 보니 광고도 다양한 형태로 진화했는데요. 먼 훗날 이 광고들이 우리가 살고 있는 지금의 모습을 후대에 보여 줄 것을 생각하니, 스쳐 가는 광고 하나도 예사롭지 않게 느껴지네요.

그럼 이제 우리 시대의 더 많은 광고 카피를 함께 보면서, 기존 문구를 조금씩 바꿔 보는 연습을 해 볼게요. 나도 미래의 카피라이터라고 생각하고 한번 재밌게 해 봐요.

☞ **야, 나두 멋진 광고 카피 만들 수 있어!**

㉠ **고가 자동차 광고**
나는 미래를 기다린 적이 없다. 나는 언제나 <u>그 시대의 미래였다</u>.
→ 나는 미래를 기다린 적이 없다. 나는 언제나 (   ).

㉡ **건축 자재 대기업 광고**
꾸준함이 쌓이면 <u>넘을 수 없는 실력이 된다는 거</u>.
→ 꾸준함이 쌓이면 (   ).

㉢ **DSLR 카메라 광고**
"너를 좋아해"라고 말하는 대신 나는 <u>셔터를 눌렀다</u>.
→ "너를 좋아해"라고 말하는 대신 나는 (   ).

② 한국관광공사 광고

모두가 <u>아이가 되는</u> 그 계절이 왔다.

→ 모두가 (   ) 그 계절이 왔다.

⑩ 국제항공 광고

오늘 아침은 개와 산책, 해질녘은 <u>코끼리로 산책</u>.

→ 오늘 아침은 개와 산책, 해질녘은 (   ).

ⓗ 우체국 광고

편지라면, <u>어설픔도</u> 무기가 된다.

→ 편지라면 (   ) 무기가 된다.

ⓢ 레고(장난감 블록) 광고

아이의 세계는 <u>세계보다 크다</u>.

→ 아이의 세계는 (   ).

◎ 공익광고협의회 광고

사람을 구하는 건 <u>사람밖에 없다</u>.

→ 사람을 구하는 건 (   ).

ⓩ 보건복지부 광고

우리는 지금 <u>담배와의</u> 전쟁 중입니다.

→ 우리는 지금 (   ) 전쟁 중입니다.

짧고 강하게 설득하는 글쓰기

자, 광고 카피를 살펴보고 직접 바꿔 보면서 어떤 매력이 있는지 조금은 알게 되었죠. 이렇게 광고 카피는 강한 존재감으로 우리의 기억 속에 콕 박혀 버리는데요. 이런 매력적인 글쓰기를 우리도 한 번쯤 해 보고 싶은 생각이 들지만 너무 어려울 것 같아 보통은 시도도 하지 않죠.

그렇지만 광고 카피는 짧기 때문에 글쓰기를 처음 시작할 때 연습용으로 굉장히 좋은 장르예요. 또한 일종의 설득하는 글쓰기이기 때문에 독자를 내 편으로 만드는 강력한 방법을 터득할 수 있게 해요.

하지만 한 가지 주의할 점도 있어요. '허위 광고', '과대 광고'라는 말 들어 봤나요? 최소한의 근거 없이 표현만 그럴듯하게 부풀려 한다면 그건 좋은 광고가 될 수 없죠. 사람들을 설득할 때 근거 없이 무조건 주장만 한다면 공허한 외침이 되거나 남을 현혹하는 거짓이 되는 것처럼요.

그러니 광고 카피 쓰기를 포함해 설득하는 글쓰기를 할 때 객관적이고 정확한 근거가 바탕이 되어야 한다는 점을 잊으면 안 돼요. 그래야 독자에게 진정성 있게 다가설 수 있고 내 글에 설득하는 힘이 실리면서 어떤 제품이든 어떤 의견이든 사람들의 마음을 움직일 수 있게 된답니다.

19장

사소하지만 관계를 결정하는 말들

- 대화 예절 -

"한국말은 끝까지 들어 봐야 한다."라는 말이 무슨 말인지 아세요? 우리말이 그만큼 세심하고 오묘한 뜻을 전달하기 때문에, 다른 사람과 대화할 때 각별히 유의해야 한다는 의미예요. 그런데 우리는 스스로 어떤 방식으로 말하는지 사실 잘 몰라요.

요즘은 일상적인 대화는 물론이고, 전화 통화조차 부담스러워 문자로 하는 게 편하다는 사람들이 많아지고 있어요. 이런 상황들이 코미디 소재로 다뤄지기까지 할 정도죠. 단순히 웃고 넘어갈 일이 아니라 왜 우리가 이렇게 됐는지, 또 어떻게 하면 상대와 진정한 소통을 할 수 있을지 생각해 봐야 하는 시점에 이르렀어요.

남과 어우러져 살기 위한 기본 소양

한 젊은 기자가 일방적으로 뉴스를 전하다가 앵커가 갑자기 질문을 하자 울먹거리며 대답을 피하는 모습을 재연한 코미디를 접한 적 있나요? 보고 있으면 우습기도 하지만 돌아보면 저 기자의 모습이 혹시 내 모습은 아닌지, 나도 누가 갑자기 물어보면 저렇게 반응하지 않을지 두려움이 밀려오기도 하죠.

그만큼 우리 언어생활이 몇 년 사이에 급격히 폐쇄적으로 변하면서 대화에 점점 부담감을 느끼게 되어 버린 거예요. 그렇다고 우리가 대화 없이 살아갈 수 있을까요? 절대 불가능하죠. 우리는 함께 어우러져 살아갈 때 진정한 행복과 안정감을 얻을 수 있기 때문에, 무엇보다 대화의 중요성을 깨닫고 말하기를 통해 소통하려고 끊임없이 노력해야 해요.

그럼 어떻게 하면 대화를 잘할 수 있을까요? 대화를 잘하는 최고의 방법은 뭐니 뭐니 해도 일단 다른 사람의 말을 잘 듣는 겁니다. '경청'이라고 하죠. 귀를 열어야 마음을 열 수 있어요. 다른 사람의 말을 잘 듣고, 이해하려 노력하고, 잘 모르겠으면 다시 질문하면서 적극적으로 듣는다면 진정한 소통은 저절로 이루어질 거예요.

이처럼 대화의 기본은 역시 타인에 대한 존중과 배려예요. 그래서 대화를 잘하는 사람은 남을 배려하는 사람이라는 평가를 받게 되고 사람들 사이의 연결 고리가 되어 한 줄기 빛과 같은 소중한 존재가 되는 거예요.

- 가는 말이 고와야 오는 말이 곱다. - 한국 속담
- 눈은 둘, 귀는 둘, 입은 하나이니, 많이 보고 많이 듣고 조금만 떠들어라. - 영국 속담
- 마음속에 생각한 바는 고칠 수 있다. 그러나 일단 말로서 나간 바는 결코 고칠 수 없다. - 헨리 필딩(영국 소설가)

세계의 많은 격언이나 속담이 이렇게 말의 중요성을 강조하고 있어요. 그만큼 말은 사람의 내면을 비추는 거울처럼 인격을 보여 주기 때문에 함부로 하면 절대 안 돼요. 또한 한번 말하면 주워 담을 수 없기 때문에 항상 신중해야 해요.

그런데 지금 우리 언어 환경은 한마디로 혼돈 그 자체예요. TV는 물론 각종 SNS 등 다양한 매체를 통해 쏟아지는 말들은 표준어의 기준조차 파괴할 정도이고, 우리는 그 말이 잘못된 것인지조차 모르고 쓰고 있는 상황이에요. 이럴 때일수록 우리가 단단히 중심과 기준을 잡지 않으면 영영 아름다운 언어생활을 하지 못하게 될 수도 있어요.

입이 트이는 대화법

말의 중요성을 마음에 새기고 예의 바른 표현과 상황에 맞는 말하기 습관을 만들어 가면, 많은 사람들 앞에서 말해야 하는 상황이 왔을 때도 당황하지 않고 자신의 의사 표현을 제대로 할 수 있어요.

그럼 지금부터 대화의 기초 상식부터 응용 기술까지 다양한 대화법을 배워 보도록 할게요.

- "어디 한번 잘~ 해 봐."

  : 상대방을 비웃는 말

- "아, 나도 몰라, 마음대로 해."

  : 나는 아무것도 하지 않겠다는 무책임한 말

- "너는 해도 안 돼."

  : 상대방의 의욕을 꺾는 부정적인 말

- "네가 뭘 안다고 까불어?"

  : 상대방을 무시하는 말

이것만 해도 중간은 간다

눈을 보고 말해요!

눈은 마음의 창이죠. 대화를 할 때 상대방과 시선을 맞추지 않고 고개를 숙이거나 딴 곳을 바라보면 진실함이 느껴지지 않아 상대방을 불쾌하게 하거나 상대에게 공감을 얻을 수 없어요. 진솔한 대화를 하고 싶다면 진실의 눈이 필요하답니다.

귀를 열면 마음이 열려요!

상대방이 말할 때 귀를 열고 집중해서 들어야 해요. 상대방의 말을 잘 듣지 않으면 대화가 산만해지고 내용이 이어지지 않아서 원만한 의사소통이 이뤄지지 않아요. 내 말을 잘 들어 주는 상대방이 있을 때 얼마나 기분 좋은지 여러분도 경험해 보셨죠? 귀를 열면 마음이 열리는 마법이 일어날 거예요.

오~ 정말?

상대방의 말만 듣고 반응을 전혀 하지 않으면 대화가 잘 진행되지 않아요. 내 말에 공감해 주는 반응이 있을 때 대화가 깊어지고 진정한 소통을 할 수 있죠. 공감하는 방법은 추임새, 표정, 몸짓 등 여러 가지가 있어요. 공감이 오고 가는 대화는 이미 성공한 의사소통이에요. 대화의 만능 키 공감을 잘 활용해 보세요.

아니 그게 아니고~

상대방의 말이 채 끝나기도 전에 갑자기 말을 끊고 자신의 말을 쏟아내면 상대는 굉장히 기분이 상하고 더 이상 대화를 하기 싫어져요. 대화에서 가장 피해야 할 것 중에 하나가 바로 중간에 말을 끊는 거예요. 그런데 의식하지 않으면 내가 상대방이 말할 때 끼어든다는 것을 스스로 모르는 경우가 많아요. 지금부터 대화할 때는 다른 사람의 말이 끝날 때까지 차분하게 기다리는 인내심을 가져 보도록 해요.

너무 빠르지도 너무 느리지도 않게

말에도 적당한 평균 속도가 있어요. 말을 너무 빨리 하면 상대는 잘 알아듣기 힘들뿐더러, 혹시 이 대화를 빨리 끝내고 싶어 하는 건 아닌지 오해할 수 있어요. 그렇다고 너무 느리게 말하면 대화가 지루해지고 집중력이 떨어져서 대화가 물 흐르듯이 흘러가지 못하고 막혀 버려요. 그러니 대화할 때는 적정한 말의 속도를 유지하기 위해 노력해야 해요.

혼자서도 잘해요?

대화를 하다 보면 나만의 길을 가는 사람이 종종 있어요. 상대방은 전혀 신경 쓰지 않고 혼자 이야기를 하면 상대는 불쾌감을 느끼고 관계가 악화되어 더욱 멀어질 수도 있어요. 대화는 주고받는 것이라는 점을 절대 잊으면 안 돼요.

아차 싶을 땐 바로

우리는 누구나 실수를 해요. 물론 대화 도중에도 실수를 할 수 있죠. 의도치 않게 상대방에게 하지 말아야 할 말을 하기도 해요. 누구나 실수는 할 수 있지만 실수를 바로 인정하고 바로잡는 용기는 아무나 갖고 있는 게 아니에요. 대화 도중 실수했다고 느끼면 그 순간 바로 정중하게 사과하고 바로잡은 뒤에 대화를 이어 나가는 것이 진정한 대화의 기술이에요.

눈높이 대화

최대한 상대방이 알아듣기 쉬운 말을 사용하고, 불필요하게 외국어나 전문용어를 많이 사용하지 말아야 해요. 이해하기 어려운 말을 계속 사용하면 상대방은 자기를 무시한다는 느낌을 받을 수 있으니 주의해야 해요. 어쩔 수 없이 외국어나 전문용어를 써야 한다면 쉽게 풀어 설명해서 상대방의 눈높이에 맞춰 줘야 원활한 의사소통이 될 수 있어요.

부정적인 의견을 밝혀야 할 때

좋은 말, 칭찬의 말, 긍정적인 말만 하면 좋겠지만 우리 일상에서는 사실 남의 잘못을 지적하거나 상대방과 반대되는 의견을 말해야할 때도 많아요. 이런 부정적인 대화를 할 때는 더욱 조심해야 해요. 같은 말이라도 상대방이 최대한 기분 상하지 않게 부드러운 표현을 선택해서 대화를 하면 상대도 존중받고 있다는 생각이 들어서 이해할 수 있을 거예요.

지나치면 안 하느니만 못하다

도대체 뭐라는 거야?

'~인 것 같아요, 글쎄요, 아마도 그럴걸' 등의 말을 습관적으로 쓰는 사람을 자주 볼 수 있죠. 이런 사람들과 대화를 계속 하다 보면 왠지 신뢰감이 떨어지면서 상대방이 뭔가 감추고 있다는 생각이 들고, 나 역시 속내를 다 드러내면 안 되겠다는 생각도 들어요. 진정한 대화를 하고 싶다면 불확실한 표현을 주의해서 사용하도록 해요.

너 지금 연극하냐?

너무 과장된 표정, 말투, 몸짓은 상대에게 불쾌감을 줄 수 있고 대화에 집중할 수 없게 만들 수도 있어요. 산만하게 대화하고 있다는 인상을 주지 않도록 신경 써야 해요.

지나친 유행어와 유머는 그만!

재치 있는 유머와 유행어를 사용해서 웃음을 주고 분위기를 살리고 기분 좋게 해 주는 사람이 있어요. 이런 사람들은 부러움의 대상이고 여러분도 한 번쯤 그런 사람이 되고 싶다는 생각을 해 봤을 거예요. 그러나 유머나 유행어를 지나치게 사용하면 진지한 대화가 어려워져요. 너무 가볍게 흘러가다 보면 상대방도 자칫 불쾌감을 느낄 수 있고요. 웃기기에 집착하지 말고 적당한 유머와 유행어를 사용해 대화의 균형을 잘 맞춰야 해요.

말도 다이어트가 필요하다

말을 할 때 습관적으로 '이제, 또 근데, 어…' 같은 군더더기 말을 붙이고 있지 않나요? 말버릇인데 뭐, 내용과 관계없으니 괜찮지 않느냐고 생각할 수 있지만, 이런 말을 너무 자주 사용하면 산만해져서 정작 무슨 얘기를 하고 싶은지 전달이 잘 되지 않아요, 자신의 생각을 정확히 전달해야 하는 상황에서는 더욱 걸림돌이 될 수 있으니 이런 습관이 있다면 고치도록 노력해야 해요.

☞ 내 말버릇 중 꼭 고치고 싶은 것

1위:

2위:

3위:

20장

다양한 인물에 대입해 말하기

- 드라마 대사 -

문해력을 기르는 최고의 방법 중 하나는 경험을 통해 배우는 거예요. 그러나 현실적으로 학생들이 생활 반경을 벗어나 다양한 경험을 해 볼 기회는 많지 않아요. 이럴 때 우리에게 문해력의 보물섬같이 다가오는 존재가 있죠. 바로 드라마예요.

드라마는 재미로 보는 건데 어떻게 그걸로 공부를 할 수 있느냐고요? 드라마는 우리의 현실보다 더 복잡한 현실, 그리고 상상과 환상의 세계, 역사적 사건 등 우리가 경험해 볼 수 없는 세계를 마치 지금 우리 눈앞에 일어나고 있는 일처럼 아주 현실감 있게 보여 주니까요.

최고의 문해력 선생님, 드라마

우리는 드라마 주인공이 되어 학교도 다니고, 회사도 다니고, 때로는 경찰이나 의사로 일하기도 하면서 다양한 직업을 간접적으로 경험해요. 그냥 책으로 배웠다면 어렵고 지루하게 느껴졌을 어휘나 문장, 감정을 드라마를 통해 너무도 자연스럽게 흡수하듯 배울 수 있죠. 똑같은 대사라도 인물과 상황에 따라 다르게 쓰이는 모습을 볼 수 있으니 쉽게 이해되고요. 나아가 이런 대사를 현실에서 잘 응용하면 사람들에게 재치 있고 매력적인 사람으로 다가갈 수 있어요.

그러니 드라마는 어쩌면 최고의 문해력 선생님일지도 몰라요. 물론 드라마에는 다양한 등장인물과 상황이 등장하는 만큼, 비속어나 자극적인 단어, 질 나쁜 표현들도 나올 수 있으니 이것만은 주의해야겠죠.

지금부터 반짝반짝 보물 같은 대사들을 만나러 드라마 보물섬으로 떠나 볼까요?

한 편의 시 같은 대사들

〈서른이지만 열일곱입니다〉, 2018
더 늦기 전에 활짝 열려 있는 또 다른 행복의 문을 돌아봐 준다면
그 문을 향해 한 번 더 용기 내 뚜벅뚜벅 걸어간다면
어쩌면 또 한번, 존재하는지조차 몰랐던 짱짱한 행복들을 찾아낼 수 있을지도 모른다.

〈동백꽃 필 무렵〉, 2019

내 인생은 모래밭 위 사과나무 같았다.

파도는 쉬지도 않고 달려드는데

발밑에 움켜쥘 흙도,

팔을 뻗어 기댈 나무 한 그루가 없었다.

이제 내 옆에 사람들이 돋아나고

그들과 뿌리를 섞었을 뿐인데

이토록 발밑이 단단해지다니,

이제야 곁에서 항상 꿈틀댔을 바닷바람, 모래알, 그리고

눈물 나게 예쁜 하늘이 보였다.

이 대사들은 마치 시처럼 은유적이고 운율이 느껴져요. 일상적인 언어를 사용하면서도, 유사한 문장구조나 분위기를 반복적으로 강조해 애절한 마음을 잘 전달하고 있죠.

여러분도 만약 시나 편지를 쓸 때 마음을 인상 깊게 강조하고 싶다면 이런 드라마 대사를 참고해서 쉽고 재미있게 연습할 수 있을 거예요.

드라마의 영원한 인기 주제, 사랑

〈크리스마스에 눈이 올까요〉, 2009

언젠가 지완이가 내게 물었다. 시간을 돌려 우리에게 다시 선택의 순간이 온다면 그땐 어떤 길을 가겠냐고. 나는 지완이에게 대답했다. 시간을 돌려 우리에게 다시 선택의 순간이 온다

면 나는 여전히 똑같은 길을 갈 것이라고. 저 아이만 있다면, 내 앞으로 걸어가고 있는 저 아이만 있다면 기꺼이, 기쁘게 그 길을 다시 갈 것이라고.

〈호텔 델루나〉, 2019
다른 사람들은 알 수 없는 비밀스러운 세상에 대한 기억. 그곳에 당신이 있습니다. 그리고 나는 당신과의 약속을 기억합니다. 언젠가, 시간을 건너건너 어느 생엔가 우리가 같이한다면 그 생에선 당신 곁에서 늘 함께이기를 바라 봅니다. 그때 우리는 서로 마주 보며 꿈을 꾸고 안고 웃으며 아주 오래오래 서로의 옆에서 행복할 겁니다.

이 드라마 대사들은 시공간을 뛰어넘는 사랑에 대해 말하고 있어요. 책에서는 어렵게 느껴질 수 있는 사랑과 같은 감정, 인생의 진실이나 교훈도 드라마 대사로 들으면 마음속 깊이 와닿죠. 등장인물이 툭 던지는 말, 얼굴에서 묻어나는 표정과 몸짓에 가슴이 떨리고 인생에 대해 다시 한번 생각하게 되는 거예요.

여러분이 사랑이나 인생에 대해 뭔가 진지한 글을 쓰고 싶은데 문해력이 약해서 시작할 단어조차 떠오르지 않는다면, 친숙하게 느껴지는 드라마 대사를 들으면서 궁리해 보세요. 꼭 어려운 단어가 아니더라도 이렇게 멋지게 표현할 수 있구나 하고 글쓰기를 시작할 용기가 생길 거예요.

〈선덕여왕〉, 2009

하늘을 이용하나 하늘을 경외치 않는다.

세상의 비정함을 아나 세상에 머리 숙이지 않는다.

사람을 살피고 다스리나 사람에게 기대지 않는다.

〈뿌리 깊은 나무〉, 2011

임금이 태평한 태평성대를 보았느냐.

내 마음은 지옥이기에 그나마 세상이 평온한 것이다.

사극의 대사들은 역사적인 상황과 인물의 이야기를 담고 있어요. 우리가 과거의 인물이 되어 그들과 함께 고뇌하고, 지금 우리가 살고 있는 현실과도 연결해 보게 만들어요. 문장 외에 역사 공부도 할 수 있으니 일석이조랍니다.

☞ 드라마 명대사 완성하기[34]

㉠ 〈불멸의 이순신〉, 2004

가장 큰 패인은 너희들 가슴속에 도사린

바로 그 (   )이다.

전쟁은 병장기만으로 하는 것이 아니다.

병력만으로 하는 것은 더욱 아니다.

승리의 가장 큰 관건은 이길 수 있는 (   ),

죽음을 두려워하지 않는 굳은 결기에 있으니

오직 마음으로 (   ),

그자만이 승자가 될 것이다.

명심하라.

(   ) 두려움에 곁을 주는 자 죽을 것이요,

승리를 위해 기꺼이 죽고자 하는 자 (   ).

ⓛ 〈도깨비〉, 2016

오늘 날이 좀 적당해서 하는 말인데

네가 계속 (   ) 하는 말인데

그 모든 (   )이 너여서 하는 말인데

또 날이 적당한 어느 날,

고려 남자의 신부가 되어 줄래?

내 처음이자 마지막 (   ) 신부.

21장

논리적으로
설득하기

- 토론 -

많은 어휘와 맞춤법을 익히고 독해 능력을 갈고닦아서 글 내용을 전체적으로 이해할 수 있고 스스로 글을 쓸 수 있다면 문해력이 거의 완성 단계에 이른 거라고 볼 수 있어요.

그렇지만 이것이 문해력의 끝은 아니에요. 제대로 읽고 쓸 수 있다면, 이제 최종 단계가 남아 있어요. 자신이 쌓아 올린 문해력을 이용해 어떤 주제이든 논리적으로 이야기할 수 있어야 해요.

내 말이나 글이 논리적인지 아닌지 어떻게 알 수 있느냐고요? 가장 좋은 방법은 토론을 해 보는 거예요.

문해력으로 토론의 달인 되기

남을 설득하기 위해서는 무엇보다 적절한 어휘와 완벽한 문장을 써야 하기 때문에 자연스럽게 문해력이 향상될 수밖에 없어요. 덧붙여 토론은 공식적인 말하기이기 때문에 정확한 표준어를 사용하므로, 일상에서는 잘 쓰지 않는 어휘를 실제로 사용해 볼 수 있어요.

또한 찬성과 반대로 팽팽하게 맞서는 논제를 가지고 토론을 하려면 본인의 주장을 설득시키기 위한 논리적 근거를 만들어야 해요. 이 과정에서 논리적인 사고와 말하기 연습을 할 수 있어 매우 도움이 많이 되죠.

토론할 때 이것만은 꼭!

- 끽~! 중간에 끼어들면 안 돼요.
- 저요, 저요! 발언권을 얻어 말하고 토론 순서를 지켜야 해요.
- 집중 또 집중! 토론할 때 딴짓하면 절대 안 돼요.
- 배려 또 배려! 상대방의 말에 귀 기울이고 의견을 존중해요.
- 나는야 논리왕! 무작정 우기지 말고 논리적이고 객관적인 근거를 들어 명료하게 주장해야 해요.

실전 토론 예시

수능에서도 토론 문제가 자주 등장하기 때문에 직접 토론을 해 보면 이런 문제들을 풀 때 많은 도움을 받을 수 있어요. 실제 수능에 출제됐던 문제의 지문을 함께 살펴볼까요? 읽으면서 나는 찬성 쪽인지 반대 쪽인지 생각해 보면 더 좋아요.

〈2020 대학수학능력시험 국어 영역〉

사회자 : 이번 시간에는 '인공지능을 면접에 활용하는 것이 바람직하다.'라는 논제로 토론을 진행하겠습니다. 찬성 측이 먼저 입론해 주신 후 반대 측에서 반대 신문해 주십시오.

찬성 1 : 저희는 인공지능을 면접에 활용하는 것이 바람직하다고 생각합니다. 인공지능을 활용한 면접은 인터넷에 접속하여 인공지능과 문답하는 방식으로 진행됩니다. 지원자는 시간과 공간에 구애받지 않고 면접에 참여할 수 있는 편리성이 있어 면접 기회가 확대됩니다. 또한 회사는 면접에 소요되는 인력을 줄여, 비용 절감 측면에서 경제성이 큽니다. 실제로 인공지능을 면접에 활용한 ○○회사는 전년 대비 2억 원 정도의 비용을 절감했습니다. 그리고 기존 방식의 면접에서는 면접관의 주관이 개입될 가능성이 큰 데 반해, 인공지능을 활용한 면접에서는 빅데이터를 바탕으로 한 일관된 평가 기준을 적용할 수 있습니다. 이러한 평가의 객관성 때문에 많은 회사들이 인공지능 면접을 도입하는 추세입니다.

반대 2 : 기존 면접에서는 면접관의 주관이 개입될 여지가 있다고 하셨는데요, 회사의 특수성을 고려해 적합한 인재를 선발하려면 오히려 해당 분야의 경험이 축적된 면접관의 생각이나 견해가 면접 상황에서 중요한 판단 기준이 돼야 하지 않을까요?

찬성 1 : 면접관의 생각이나 견해로는 지원자의 잠재력을 판단하기 어렵습니다. 오히려 오랜 기간 회사의 인사 정보가 축적된 데이터가 잠재력을 판단하는 데 적합하기 때문에 인공지능 면접이 신뢰성도 높습니다. 회사 관리자들을 대상으로 한 설문 조사에서도 잠재력 파악에 인공지능을 활용한 면접을 신뢰한다는 비율이 높게 나왔습니다.

사회자 : 이번에는 반대 측에서 입론해 주신 후 찬성 측에서 반대신문해 주십시오.

반대 1 : 저희는 인공지능을 면접에 활용하는 것이 바람직하다고 보지 않습니다. 먼저 인공지능을 활용한 면접은 기술적 결함이 발생할 수 있습니다. 이로 인해 면접이 원활하지 않거나 중단되어 지원자들에게 불편을 줄 수 있고, 지원자들의 면접 기회가 상실될 수 있습니다. 또한 인공지능을 활용한 면접은 당장의 비용 절감 효과에 주목해서는 안 되고 장기적인 관점에서 보아야 합니다. 현재의 경제성만 고려하면 미래에 더 큰 경제적 가치를 창출할 인재를 놓치게 돼 결국 경제적이지 않습니다. 마지막으로 인공지능의 빅데이터는 왜곡될 가능성이 있습니다. 빅데이터는 사회에서 형성된 정보가 축적된 결과물로서 특정 대상과 사안에 치우친 것일 수 있습니다. 이러한 이유로 △△회사는 인공지능을 활용한 면접을 폐지했습니다.

찬성 1 : △△회사는 인공지능을 활용한 면접을 폐지했지만, 통계 자료에서 보다시피 인공지능을 면접에 활용하는 것은 확대되고 있는 추세이지 않습니까?

반대 1 : 경제적인 이유로 인공지능 면접이 활용되고 있지만, 인공지능을 활용한 면접의 한계가 드러난다면 이를 폐지하는 기업들이 늘어나게 될 것입니다.

위의 토론을 보면 찬성과 반대로 나뉘어 정확한 근거를 들면서 토론을 하는 것을 볼 수 있어요. 내 주장만 말하면 되는 것이 아니라 상대편의 주장에 반박도 할 수 있어야 하기 때문에 토론 전에 치밀한 준비 과정이 필요하답니다.

토론 개요 작성하기

개요를 짠다는 것은 건물로 비유하면 기초가 되는 기둥을 세우는 거예요. 다양한 주제로 개요를 작성하는 연습을 하면 논리적인 글쓰기에 큰 도움이 되고, 실전 토론도 잘 준비할 수 있죠. 그럼 지금부터 개요 작성의 예시를 들어 볼게요.

- 주제: '노키즈존', 어떻게 볼 것인가
- 서론: '노키즈존'이라는 이름으로 어린이 출입을 금지하는 상업 시설들이 늘고 있다.
- 본론

  실태: 서울 시내 노키즈존 명시 카페 현황과 과거와의 비교 / 인터넷상에서의 '노키즈존' 찬반 논쟁 / '노키즈존'의 법적 문제
  - 원인: 모두에게 열려 있는 환경이 부족함 / 어린이들이 안전하고 즐겁게 놀 수 있는 곳이 적음 / 주로 낮 시간의 양육을 도맡는 전업주부들이 아이와 함께 그나마 시간을 보낼 수 있는 장소가 카페임 / 어린이를 독립적인 존재로 인정하지 않는 차별적 기준
  - 대책: '노키즈'라는 배제적인 표현을 쓰지 말자 / 어린이를 포함해 신체적 약자들도 평등하게 이용할 수 있는 환경을 만들어 가자
- 결론
- 촉구: '노키즈존'이 아닌 '예스키즈존'을 늘려 가자.
- 전망: 어린이에게 안전한 공간이 많아질수록 성인 또한 장기적으로는 이득을 보게 될 것이다.

자, 이제 여러분이 관심 있는 하나의 주제를 직접 선택하여 찬성

입장과 반대 입장 모두의 개요를 짜 보세요. 찬반 양쪽 다 생각해 보면 사고의 폭이 넓어질 뿐만 아니라, 실전 토론에서 상대방의 지적에 반박하고 날카로운 질문에 적절한 답을 할 수 있어 토론의 달인이 될 수 있답니다.

☞ 실전 토론 전 개요 짜기

① 토론 주제 선택
·청소년의 화장, 이대로 두어도 괜찮은가?
·선행 학습은 필요한 것인가?
·교복을 꼭 입어야 하는가?
·우리나라 기념일, 이대로 괜찮은가?
·통일을 해야 하는가?
·비트코인, 대중 경제에 이로울까, 해로울까?
·선의의 거짓말은 해도 되는가?
·특목고 입시 정책, 과연 옳은가?
·안락사, 허용해도 되는가?
·소년법, 개정해야 하는가?

② 자료 수집하기

찬성 입장 자료	반대 입장 자료

③ 입장 정하기 & 개요 작성하기

주제	
서론	
본론	
결론	

4부에서 살펴보았던 말 센스에 관한 내용들을 종합적으로 복습해 보는 시간입니다. 반복보다 더 좋은 공부는 없다는 사실, 잊지 말아요! 잘 모르겠더라도 정답지를 바로 확인하지 말고 충분히 고민하는 습관을 길러 보세요.

1. 환경오염을 경고하면서 환경을 보호하자는 주제로 광고 카피를 만들어 보세요.

- 예시:　　　　(숲에서 눈을 감고 좋은 공기를 마음껏 마시고 있는 장면)

　　　　　당신이 마시는 이 숨이 마지막이 될지도 모릅니다.

　　　　　맑은 숨이 한숨이 되지 않도록 지금부터 시작하세요.

- 도전:

2. 대화에 익숙하지 못해 실수했던 일이 있는지 떠올려 보고, 다시 말할 수 있다면 어떻게 말할지 적어 보세요.

- 실수한 일:

- 다시 말할 수 있다면:

3. 좋아하는 드라마 대사 바꿔 보기

- 좋아하는 드라마 대사:

- 좋아하는 이유:

- 나라면 그 상황에서 어떻게 말했을까?

4. 나 홀로 자유 토론

토론 주제:	
찬성	**반대**
주장	주장
근거	근거
반대 주장에 대한 반박	찬성 주장에 대한 반박

토론 주제:	
찬성	**반대**
주장	주장
근거	근거
반대 주장에 대한 반박	찬성 주장에 대한 반박

문해력 부족은
아이들 탓이 아닙니다

　문해력 부재의 시대, '숏츠'와 게임 콘텐츠가 난무하고 각종 신조어들이 일상어를 지배하는 시대에 살고 있는 지금, 우리 아이들은 어떤가요? 수많은 정보와 놀 거리가 넘쳐 나는 인터넷 세상에서 진정 행복할까요?

　최근 몇 년 사이 코로나19의 공포가 온 세계를 뒤덮어 단절된 환경 속에서 아이들은 혼자 밥을 먹고, 혼자 SNS를 하게 되었습니다. 특히 아직 언어 성장기에 있던 아이들은 제대로 된 언어 소통을 배우지 못하고 점점 더 고립되어 가야만 했죠. 그러한 현실이 너무도 안타까웠고, 그런 아이들을 위해 무엇인가 해 주고 싶다는 생각을 하게 됐습니다.

　코로나19를 벗어나 거의 일상으로 돌아간 지금도 아이들은 심각한 문해력 부족을 겪고 있습니다. 학교 수업도, 친구의 말도, 부모님의 말도 제대로 이해하지 못하는 상황에 놓여 버렸어요. 이런 상황까지 온 것은 결코 아이들 탓이 아닙니다. 여러 가지 상황이 복합적으로 작용한 결과이기에 아이들에게 미안한 마음이 컸습니다. 그래서 아이들을 위해 무엇인가 해야겠다는 결심에, 아이들에게 필요한 문해력 공부 비법을 꾹꾹 담은 책을 세상에 내놓습니다.

요즘 학교에서는 국어 잘하는 아이가 모든 과목에서 우수하다는 것이 공식처럼 여겨질 만큼, 실제로 모든 공부가 문해력과 연결되어 있습니다. 문해력이 높으면 문제를 낸 의도를 정확하게 파악할 수 있어서 답을 찾기가 쉬워지고, 공부하기가 한결 수월해지니 저절로 즐거워집니다.

반면, 문해력이 낮으면 기본 개념은 어찌어찌 외웠더라도 고난도 문제를 풀 수 없기 때문에 항상 기대에 못 미치는 결과를 얻게 되죠. 그럼 결국 공부에 흥미를 잃고 인터넷 작은 새장 속으로 더욱 꽁꽁 숨어 버리는 악순환이 계속되고요.

위기가 기회라는 말처럼, 이렇게 아이들의 문해력이 더 나빠질 수 없을 만큼 위기인 상황이지만 아직 우리에겐 희망이 있습니다. 아이들의 언어 능력은 아직 성장 중이고 잠재력 또한 무궁무진하기 때문이죠. 지금이라도 체계적이고 지속적인 방법으로 문해력 공부를 시작한다면, 아이들은 반드시 어두운 새장 속을 나와 훨훨 날아다닐 수 있을 거예요.

이 책은 아이들이 문해력의 세계에 최대한 쉽게 접근해 자연스럽게 깊이 빠져들 수 있도록 눈높이에 맞추어 구성되어 있어요. 만약 지금 우리 아이가 책에 별 흥미를 느끼지 못하고 인터넷 세상에서 빠져 나오지 못하는 상황이라면, 부모님께서 아이가 문해력을 기를 수 있도록 꾸준한 노력을 기울여 주세요. 문해력 공부를 어떻게 시작해야 할지 몰라 고민하는 부모님들께, 또 문해력 초보들에게 이 책이 첫 길라잡이가 될 수 있기를 바랍니다.

1. (16쪽)

가결하다	회의에서, 제출된 의안을 합당하다고 결정하다.
강구하다	좋은 대책과 방법을 궁리해 찾아내거나 좋은 대책을 세우다.
구축하다	체제, 체계 따위의 기초를 닦아 세우다.
수반하다	어떤 일과 더불어 생기다. 또는 그렇게 되게 하다.
대두하다	어떤 세력이나 현상이 새롭게 나타나다.
명시하다	분명하게 드러내 보이다.
배타하다	남을 배척하다.
확충하다	늘리고 넓혀 충실하게 하다.
봉착하다	어떤 처지나 상태에 부닥치다.
사료하다	깊이 생각하여 헤아리다.

2. (17쪽)

연관되다 견련되다 상관되다 관련되다

3. (18쪽)

㉠ 무궁

㉡ 부분

ⓒ 산만하다

4. (27쪽)

동음이의어: ⓛ, ⓜ
다의어: ㉠, ⓒ, ㉣

5. (34쪽)

관용구: ⓛ, ⓜ
속담: ㉠, ⓒ, ㉣

6. (35쪽)

㉠ 임시방편
ⓛ 포복절도
ⓒ 설상가상
㉣ 화무십일홍
ⓜ 식자우환
ⓑ 소탐대실

7. (42쪽)

고유어: ㉠, ⓛ, ㉣, ⓑ, ⓢ
한자어: ⓒ, ⓜ, ⓞ, ⓩ, ⓒ, ⓚ

8. (47~48쪽)

ⓐ 거리 공연

ⓑ 무인결제기

ⓒ 청소

ⓓ 대면·원격 수업 병행

ⓔ 친환경 첨단학교

ⓕ 억지

ⓖ 가득

ⓗ 외모

ⓘ 먹요일

9. (49쪽)

ⓐ 파일

ⓑ 커피숍

ⓒ 디스켓

ⓓ 주스

ⓔ 도넛

ⓕ 리더십

ⓖ 트로트

ⓗ 러닝머신

ⓘ 플래시

10. (54~55쪽)

지뢰(2개): 절름발이, 꿀 먹은 벙어리

그 이유: 장애인을 비하하는 표현

지뢰(3개): 여기자, 여의사, 여류 작가

그 이유: 여성 차별적인 표현

11. (57쪽 1번)

㉠ 밑줄: 처가, 집사람, 결정 장애

　명절을 맞아 <u>처댁</u>에 가려고 집을 나섰는데, 차가 막혀 어느 길로 가야 할지

　망설이자 아내가 나더러 <u>우유부단</u>하다고 짜증을 냈다.

㉡ 밑줄: 깜깜이

　<u>감염 경로를 알 수 없는</u> 환자의 수가 증가하고 있다.

㉢ 밑줄: 소녀 감성

　그에게 내가 쓴 시를 보여 주자 <u>감성</u>이 뛰어나다고 칭찬했다.

㉣ 밑줄: 치매냐고

　내가 약속 시간을 잊어버리자 친구는 벌써 <u>기억력에 문제가 생긴 거냐</u>고 걱

　정했다.

12. (58쪽 2번)

고유어: 생각, 고뿔, 가두리, 깜냥

한자어: 내숭, 별안간, 골탕, 무진장

13. (58쪽 3번)

동음이의어: ㉡, ㉤

다의어: ㉠, ㉢, ㉣

14. (58~59쪽 4번)

㉠ 포장

㉡ 잔치

㉢ 포장 서비스

㉣ 코로나 우울증

15. (59쪽 5번)

㉠ 구렁이

㉡ 공자

㉢ 대들보

16. (59쪽 6번)

㉠ 나르시시즘

㉡ 러닝셔츠

㉢ 밸런타인데이

㉣ 난센스

㉤ 바통

㉥ 스테인리스

17. (66~67쪽)

㉠ 놀랐던지

㉡ 보든지, 하든지

㉢ 웃어른

㉣ 윗니

㉤ 회장으로서

㉥ 폭력으로써

㉦ 잘됐다

㉧ 되면

㉨ 반드시

㉩ 반듯이

18. (74쪽)

㉠ 금∨서∨돈을∨가지고∨무엇을∨할∨수∨있을까?

㉡ 수영이는∨회장∨겸∨총무이다.

㉢ 그때∨그곳에서∨우리가∨얼마나∨행복했는지.

㉣ 더∨큰∨이∨옷장이∨더∨쓸모가∨있다.

㉤ 구만∨팔천삼백∨원입니다.

㉥ 친구들이∨오는∨대로∨바로∨출발하자.

19. (78쪽)

㉠ 수빈이는 노래를 잘 부르고 춤을 잘 춘다.

㉡ 인간의 역사는 자연을 지배하고 자연에 지배받기도 하면서 흘러왔다.

ⓒ 저의 단점은 끝까지 버티는 힘이 약하다는 것입니다.

ⓔ 학교는 매점에서 불량 식품을 팔지 않는 방침을 검토 중이다.

20. (79쪽)

ⓐ 미뤄진 고속도로 공사가 언제 재개되어 도로가 언제 개통될지 미지수다.

ⓑ 소설은 다채로운 인생의 경험을 보여 주는 문학의 장르로서 인간은 소설을 즐길 본능을 지니고 있다.

ⓒ 하율이는 동생보다 키가 크고 몸무게가 더 많이 나간다.

ⓔ 내 캠핑 차에는 더 이상 물건을 싣거나 사람을 태울 수 없다.

21. (82쪽)

ⓐ 오늘 저녁 치킨 먹자

ⓐ 알아서 잘 딱 깔끔하게 센스 있게

ⓒ 무슨 일이야

ⓔ 완전 내 스타일

ⓜ 귀여워

ⓗ 억지로 즐거운 척

ⓢ 스스로 불러온 재앙

ⓞ 당연히 모든 치킨은 옳다

ⓩ 애교 빼면 시체

22. (86쪽)

ⓐ 방학 기간 동안 좋은 시간을 보내서 너무 행복했다.

ⓛ 돌이켜 회고해 보아도 나는 모든 것을 꿋꿋이 이겨 내고 이 자리에 있다.

ⓒ 참고 인내하다 보면 언젠가는 쨍하고 좋은 날이 올 것이다.

ⓔ 만약의 사태에 대비하여 미리 준비해 두는 유비무환의 자세는 늘 옳다.

23. (89~90쪽)

ⓐ 침이 튀지 않도록 마스크를 써라.

ⓑ 백신 접종 후에도 마스크 쓰기를 생활화해야 한다.

ⓒ (에스컬레이터에서) 몸을 밖으로 내밀지 마세요.

ⓓ 선생님, 행복하시길 바랍니다.

ⓜ 할아버지께 진지 잡수시러 오라고 말씀드려라.

ⓗ 지금 빈 좌석이 없습니다.

ⓢ 제가 책임지고 바로잡겠습니다.

ⓞ 피로 해소에 좋은 영양제를 소개해 드릴게요.

ⓩ 진료비 계산하시고 처방전 받아 가세요.

24. (91~92쪽 1번)

ⓐ 그의 용감한 할아버지는 제일 먼저 앞장서서 나아갔다.

ⓑ 타인을 위해 한결같이 봉사하는 사람들이 많다.

ⓒ 지우는 찾아오는 친구를 웃으면서 반갑게 맞았다.

ⓔ 지안이와 깔끔한 내가 교실 청소를 했다.

ⓜ 학생들이 한 명도 오지 않았다. / 모든 학생들이 오지는 않았다.

25. (92쪽 2번)

㉠ 찬우의 장점은 낙관적이고 배려를 잘하는 것이다.

㉡ 실내를 자주 환기해야 한다.

㉢ 찬희는 자신의 수상을 자축했다.

㉣ 나는 잘못된 습관을 고치지 못하고 있다.

26. (92~93쪽 3번)

㉠ 내가 풀지 못하는 수학 문제를 가르쳐 주셨다.

㉡ 그와 나의 생각은 완전히 다르다.

㉢ 희수야, 내가 새로운 친구를 소개해 줄게.

㉣ 봐~ 종이비행기가 잘 날아가잖아.

㉤ 너에게 알맞은 직업을 추천해 줘도 될까?

㉥ 푸른 하늘을 마음껏 나는 한 마리 새가 되고 싶다.

27. (102쪽)

㉠ 두 어근의 결합 방식이 일반적인 방식과 일치하는 합성어. 즉, 명사+명사, 관형사+명사, 용언의 어간+관형사형 어미+명사, 용언의 어간+연결 어미+용언, 주어+서술어, 목적어+서술어, 부사+부사 등의 형태를 가짐.

㉡ 두 어근의 결합 방식이 일반적인 방식과 일치하지 않는 합성어. 즉, 용언의 어간+명사, 용언의 어간+용언, 부사+명사, 우리말의 어순과 다른 한자어 등의 형태를 가짐.

㉢ 뜻을 가진 가장 작은 말의 단위.

㉣ 자음군은 음절의 끝소리에 있는 두 개의 자음(이를테면 '밟'에서 'ㄹㅂ')을 말하

며, 자음군 단순화란 그 두 개 중 하나가 탈락되어 발음되는 것이다. 음절이 단독으로 쓰이거나 뒤에 자음으로 시작하는 음절이 이어질 때에만 일어나는 현상이다.

ⓜ 구개음은 혓바닥과 입천장 앞쪽이 부딪혀 나는 소리('ㅈ', 'ㅉ', 'ㅊ')를 말하며, 구개음화는 끝소리가 'ㄷ', 'ㅌ'인 음절이 모음 'ㅣ'나 반모음 'ㅣ [j]'로 시작되는 음절을 만나거나, 'ㄷ' 뒤에 '히'가 올 때 구개음으로 발음되는 것. 예를 들어 '굳이'가 '구지'로, '굳히다'가 '구치다'로 발음되는 현상 등을 일컫는다.

28. (108~109쪽)

중심 단어 고르고 뜻 찾기

ⓐ 자유무역: 국가가 외국 무역에 대해 아무런 간섭이나 보호를 하지 않고 개인의 자유에 맡기는 무역.

ⓑ 수렴 현상: 동일한 지점으로 모임.

ⓒ 수요: 어떤 물건이나 서비스 등의 상품을 사려고 하는 욕구.

중심 단어로 예문 만들기

ⓐ 자유 무역: 로널드 레이건 전 미국 대통령은 자유무역에 적극 찬성하지만 그것은 반드시 공정한 무역이어야 한다고 말했다.

ⓑ 수렴 현상: 기술을 모방할 능력이 없거나 그것을 적용할 첨단산업이 없는 국가들의 경우, 수렴 현상이 발생하지 않을 수 있다.

ⓒ 수요: 코로나19로 수요가 폭락했던 항공업계가 되살아나고 있다.

29. (114~115쪽)

㉠

① A주머니에 1부터 7까지가 각각 적혀 있는 7장의 카드가 들어 있다.

② B주머니에 1부터 8까지가 각각 적혀 있는 8장의 카드가 들어 있다.

③ 한 개의 주사위를 한 번 던져서 나온 눈의 수를 확인한다.

④ 그 수가 3의 배수이면 A주머니에서 한 장의 카드를 꺼낸다.

⑤ 그 수가 3의 배수가 아니면 B주머니에서 한 장의 카드를 꺼낸다.

⑥ 당신이 주머니에서 꺼낸 카드에는 홀수가 적혀 있었다.

⑦ 그 카드가 B주머니에서 꺼낸 카드일 확률을 구하라.

㉡

- 한 개의 주사위를 한 번 던져서 3의 배수가 나오지 않을 확률은 $\frac{2}{3}$

- B주머니에서 한 장의 카드를 꺼냈을 때 그 카드에 홀수가 적혀 있을 확률은 $\frac{1}{2}$

- 그러므로 B주머니에서 홀수 카드를 꺼낼 확률은 두 확률을 곱한 값인 $\frac{1}{3}$

30. (122~123쪽)

㉠ 이름은 '정익호'이며 '삵'이라는 별명을 가지고 있다. 여러 국가 언어나 사투리를 두루 사용할 줄 안다. '여'가 오기 일 년 전쯤 갑자기 XX촌에 나타났고, 고향이나 경력에 대해서는 알려진 것이 별로 없다. 몸집이 작고 민첩하며 얼굴은 쥐와 닮았다.

㉡ 3인칭 관찰자 시점. 관찰자 '여'가 '정익호'에 대해 보고 듣고 느낀 점 등을 작품 바깥의 화자가 대신 묘사하고 있기 때문이다. 외모는 확실히 묘사하는 데

반해, 실제 고향이나 경력 등에 대해서는 추측하거나 소문을 들은 것뿐이므로 전지적 작가 시점이라고 할 수는 없다.

31. (127~128쪽)

㉠ 충렬, 충렬의 부친(금자광록대부 겸 대승상 연국공의 연왕)과 모친(혼령), 정한담, 최일귀, 천자, 강승상, 황후, 태후

㉡ 충렬

㉢ 나, 소자, 명나라 대사마 도원수, 승상 위국공

32. (144~146쪽)

㉠

해석: 강산의 아름다운 경치를 차지하기 위해 다툴 것이라면 나처럼 힘이 없고 가난한 처지에 어떻게 얻을 수 있겠는가? 진실로 자연을 사랑하고 즐기는 것을 금할 사람이 없으므로 나 같은 사람도 두고 즐기노라.

주제: 자연 친화

㉡

해석: 동짓달 기나긴 밤의 한가운데를 베어 내어 봄바람처럼 따뜻한 이불 속에다 서리서리 넣어 두었다가 정든 임이 오신 밤이면 굽이굽이 펼쳐 내어 그 밤이 오래오래 새도록 이으리라.

주제: 사랑·이별·그리움

ⓒ

해석: 구름이 사심(邪心)이 없다는 것은 허무맹랑한 거짓말이다. 하늘 높이 떠 있어(떠서) 마음대로 다니면서 구태여 밝은 햇빛을 따라가며 덮는구나.

주제: 현실 문제 비판

33. (147~148쪽 1번)

㉠ 고양이

㉡ 1인칭 주인공 시점

㉢ 생명체에 차등을 두고 하찮게 여기는 인간 사회에 대한 비판.

㉣ 예시) 오래된 집을 화자로 소설을 쓰고 싶다. 왜냐하면 수많은 사람들의 삶을 함께하다 늘 먼저 떠나보내며 거기 남아 낡아 가는 마음, 때로는 철거당하는 마음에 대해 표현하고 싶기 때문이다.

34. (177~178쪽)

㉠ 두려움, 확신, 싸우는 자, 살고자, 살 것이다

㉡ 눈부셔서, 첫사랑, 도깨비

북트리거 일반 도서

북트리거 청소년 도서

도전! 문해력 완전 정복

아이돌 작사가×입시 논술 강사의 단짠단짠 워크북

1판 1쇄 발행일 2024년 2월 15일

지은이 안영주·임영수
펴낸이 권준구 | 펴낸곳 (주)지학사
본부장 황홍규 | 편집장 김지영 | 편집 양선화 공승현 명준성
책임편집 양선화 | 디자인 스튜디오진진
마케팅 송성만 손정빈 윤술옥 박주현 | 제작 김현정 이진형 강석준 오지형
등록 2017년 2월 9일(제2017-000034호) | 주소 서울시 마포구 신촌로6길 5
전화 02.330.5267 | 팩스 02.3141.4488 | 이메일 booktrigger@naver.com
홈페이지 www.jihak.co.kr | 포스트 post.naver.com/booktrigger
페이스북 www.facebook.com/booktrigger | 인스타그램 @booktrigger

ISBN 979-11-93378-11-3 43700

북트리거

트리거(trigger)는 '방아쇠, 계기, 유인, 자극'을 뜻합니다.
북트리거는 나와 사물, 이웃과 세상을 바라보는 시선에 신선한 자극을 주는 책을 펴냅니다.